A PROPOS

DE

LIBÉRALISME

IDÉES DE PIERRE CURÉ

PRIX : 2 FRANCS

TOULOUSE
IMPRIMERIE DE JOSEPH FOURNIER
6, Rue du Salé, 6

1888

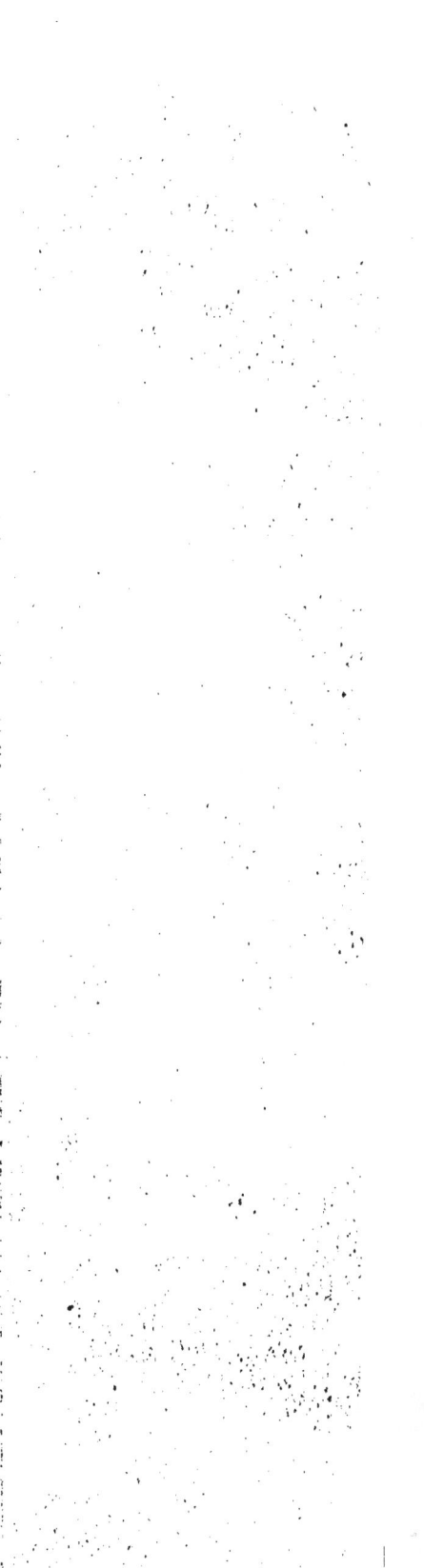

AVERTISSEMENT AU LECTEUR

Cette brochure devait paraître, il y a un mois. Mais, à cette époque, on annonçait déjà une Lettre encyclique de N. S. Père le Pape, sur la Liberté. Catholique soumis et prêtre dévoué, c'était mon devoir de suspendre ma publication sur le Libéralisme. La matière est si délicate ; elle a été traitée de tant de façons ; les adversaires qui se sont rencontrés sur ce terrain ont montré tant de promptitude et de vigueur, que je devais m'environner de toutes les précautions.

J'étais d'accord sans doute avec ma conscience, et j'étais sûr de n'avoir voulu rien avancer qui ne soit entièrement conforme aux enseignements de l'Eglise. Au reste, je n'entendais pas dogmatiser, mais seulement opposer une résistance mesurée à certaine tentative d'empiètement, qu'à tort ou à raison je jugeais abusive et violente.

Mais étais-je également sûr que le mot ou l'idée n'avaient pas trahi mon intention ? Pouvais-je me flatter que jamais,

À mon insu, pour mieux me défendre, je n'avais franchi les limites de la vé ité ? Des hommes d'autorité, d'expérience et de conseil m'avaient rassuré. En tout cas, une lettre de N. S. Père le Pape, traitant *ex cathedrâ* de la matière, ne pouvait que m'être d'une incontestable utilité.

En livrant aujourd'hui ma brochure au public, j'ai la consolation de la pouvoir présenter intacte. Je ne crains pas de contredire la Parole sacrée que j'ai consultée par avance, et qui n'a rien affirmé que je n'affirme avec toute la foi de mon âme. D'ailleurs, même après toutes ces prudentes hésitations, je déclare avant tout me soumettre au jugement du Saint-Siège, et je rétracte de tout cœur tout ce qui aurait pu m'échapper de condamnable.

Cela dit, je ne pense pas encore une fois avoir rien écrit de contraire à la doctrine reçue. Sans doute, quelques esprits partiaux pourront me tenir rancune de mes audaces ; car, il y a des choses que tout le monde pense, mais dont il est convenu de ne jamais parcir. Et peut-être voudront-ils en faire une question de doctrine. Qu'on me laisse toute la responsabilité de mes appréciations et de mes préférences, je l'accepte. Qu'on me juge téméraire, je sais ce qu'on entend, dans quelques pays, par témérité. Qu'on veuille bien seulement ne pas confondre ce qui est ma foi et ce qui est mes affections, et j'espère bien n'avoir rien à retrancher de ce que j'ai écrit.

J'ai toujours entendu le Libéralisme comme l'entend Léon XIII. *Libéraux* sont tous ceux qui « *introduisent dans les mœurs et la pratique de la vie les principes posés par les partisans du Naturalisme;* » ─ ceux qui « *veulent qu'il n'y ait aucun lien entre l'homme ou la*

société civile et Dieu Créateur; » — ceux qui « *n'admettent pas que l'homme libre doive se soumettre aux lois
qu'il plairait à Dieu de nous imposer par une autre voie
que la raison naturelle;* » — ceux qui estiment « *qu'il est
permis dans les choses publiques de s'écarter des ordres
de Dieu, et de légiférer sans en tenir aucun compte;* » —
ceux qui « *veulent que l'Etat ne rende aucun culte à Dieu
ou n'autorise aucun culte public;* » — ceux qui soutiennent « *qu'il est permis de demander, de défendre* ou
d'accorder sans DISCERNEMENT *la liberté de la pensée, de
la presse, de l'enseignement, des religions,* COMME
AUTANT DE DROITS QUE LA NATURE A CONFÉ-
RÉS A L'HOMME. »

Voilà donc le Libéralisme une fois encore bien défini.
Qu'on répète dans les chaires catholiques ces formules si
claires et si péremptoires de Léon XIII, et personne,
voire le dernier des fidèles, ne sera en peine de distinguer
un Catholique d'un Libéral.

Mais en même temps on verra, par ces mêmes paroles,
combien sont subtiles et pernicieuses toutes classifica-
tions entre catholiques, et combien peu fondées sont les
accusations de Libéralisme que l'intransigeance jette à la
tête de quiconque ne la suit pas. Beaucoup plus après
qu'avant la Lettre pontificale, je pense avoir raison de
nier le libéralisme comme l'entendent les *purs,* de repousser énergiquement leurs anathèmes, de protester contre cette façon de magistère qu'ils usurpent, de dénoncer
la confusion dans laquelle ils plongent les consciences,
et de leur renvoyer, comme un blâme mérité, la triple
accusation d'imprudence, de témérité et d'injustice. Qu'ils

méditent ce mot de Léon XIII : « *Le vrai, le bien, on a le droit de les propager dans l'État avec une liberté* PRUDENTE. »

On cherchera vainement, dans la Lettre monumentale du Souverain Pontife, ces prétendues règles morales qui délimitent si rigoureusement l'orthodoxie, et que j'ai osé flétrir comme n'émanant d'aucune autorité compétente, comme provenant de la suffisance de quelques-uns, comme engendrant la division au sein des fidèles et la révolte contre les supérieurs légitimes.

Que la Vérité paraisse, qu'elle éclaire le monde ; mais que personne ne vienne l'obscurcir sous prétexte de la dégager de quelques ombres. Que le Saint-Père enseigne, et que les autres se taisent. Telle était la devise de cette brochure avant l'Encyclique *Libertas*, telle elle demeure après. Que le lecteur lui fasse bon accueil !

Pierre CURÉ.

'A PROPOS

DE

LIBÉRALISME

IDÉES DE PIERRE CURÉ

PRIX : 2 FRANCS

TOULOUSE

IMPRIMERIE DE JOSEPH FOURNIER

5, Rue du Salé, 5

1888

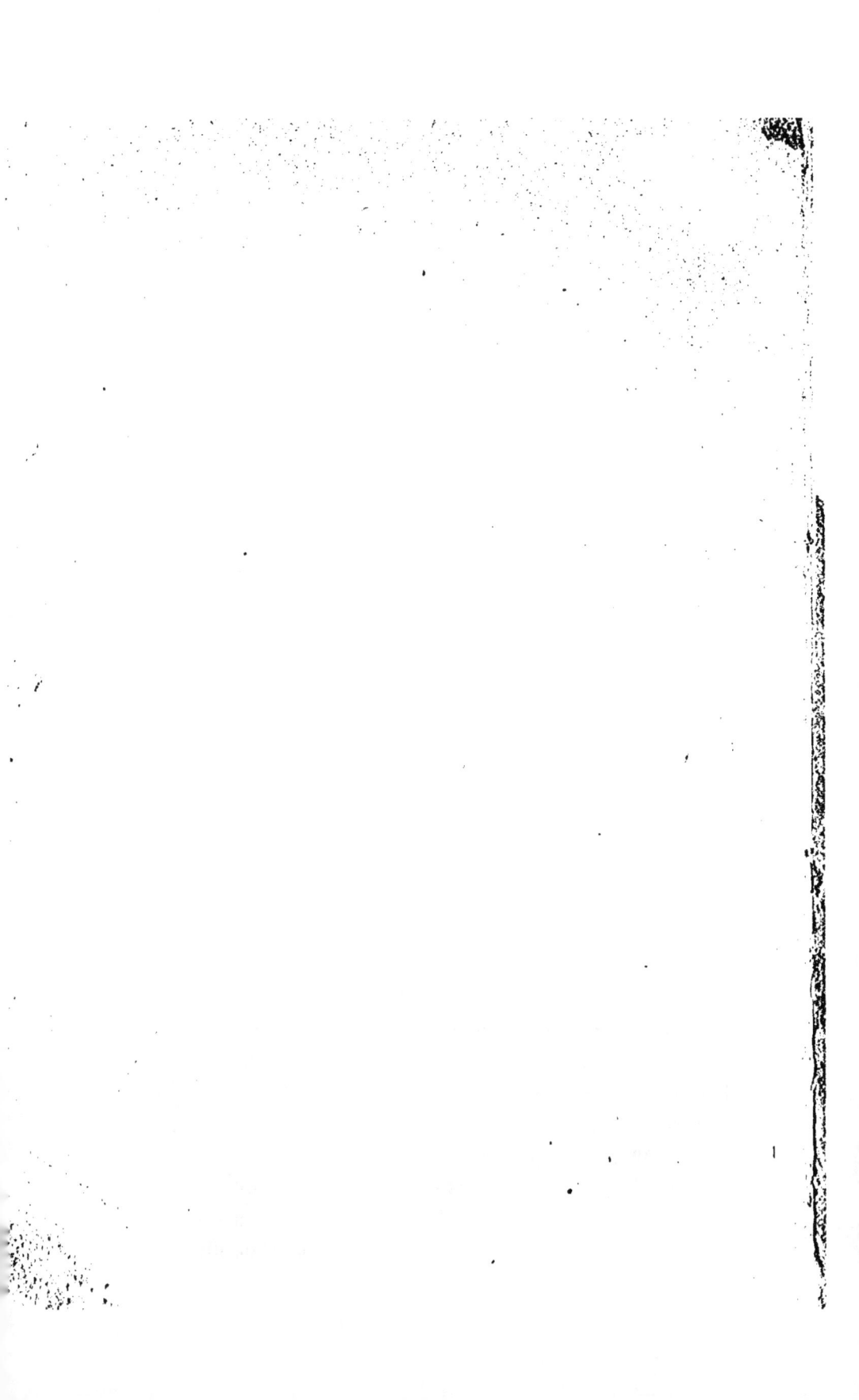

A PROPOS

DE

LIBÉRALISME

IDÉES DE PIERRE CURÉ

Il y a quelques années, il parut, en Espagne, une
brochure à laquelle on se plut à reconnaître une
grande actualité. Elle traitait une question palpitante
d'intérêt pour certains milieux : *Le Libéralisme.*

Bien plus, l'auteur prétendait parler *ex professo,*
théologiquement, et déclarait sans ambages que le
libéralisme est un péché, un péché *grave,* sous quelque forme qu'il apparaisse.

Naturellement, cet ouvrage suscita de nombreux
contradicteurs et donna lieu à une polémique ardente.
Comme dans tout combat de ce genre, on répandit de

part et d'autre des flots d'encre et des flots de colère.
En Espagne, les choses ne se font pas à moitié : on se
prend corps à corps, et on lutte avec tous ses membres,
à commencer par la langue.

Or, à notre époque, cette nation se trouve en pleine
guerre philosophique. La mêlée est générale parmi les
esprits : les uns se battent pour *autrefois*, les autres
pour *aujourd'hui*. Le premier n'est pas encore un
vieillard, tant s'en faut ; le second est plus qu'un jeune
homme : les deux adversaires sont également redou-
tables.

La religion est en cause, cela ne pourrait être nié ;
et même ceux qui craignent qu'elle ne périclite dans
une transformation sociale n'ont pas tous les torts.
Cependant, il y a lieu de croire que la politique prédo-
mine dans toutes ces préoccupations. Au fond, cela
pourrait bien n'être qu'une question de *Carlisme* et
d'*Alphonsisme,* de monarchie absolue et de monarchie
constitutionnelle. En tout cas, cette division, marquée
par les passions politiques, explique l'aigreur des
discussions.

Quand parut la brochure, avec ses allures froides et
méthodiques, mais avec ses allusions transparentes et
ses sentences implacables, le camp rival, taxé d'hérésie,
éclata en rugissements. Cela devait être. On peut croire
que dans ce groupe, qui forme la majorité d'un peuple,
il y a des sectaires, des fauteurs d'impiété, des dogma-
tisants révolutionnaires ; mais on doit supposer aussi
qu'il n'y manque pas d'âmes généreuses, franchement
chrétiennes, auxquelles il paraît qu'aspirer à des formes
de gouvernement moins autoritaires n'est pas rêver
l'amoindrissement du catholicisme, mais peut-être son

indépendance. Ont-elles tort ? ont-elles raison ? Ce n'est pas la question ici. Sont-elles de bonne foi ? Cela n'est pas douteux.

Il n'était donc pas possible que ce défi, jeté ainsi à la figure, à l'improviste et en termes si absolus, n'excitât pas outre mesure le zèle des rivaux. La soudaineté de l'attaque ne permit pas de réfléchir assez à ceux à qui le rouge montait au front, et à qui une accusation formelle d'hérésie, de mauvaise conscience commandait une réponse immédiate. Ils relevèrent le gant, mais avec trop de vivacité. Ils se donnèrent tous les torts dans la forme ; inévitablement, ils en admirent dans le fond.

Ce qui les venge un peu de leur impétuosité, c'est qu'ils en appelèrent naïvement à Rome. La Congrégation de l'Index ne pouvait approuver ni leur façon de discuter, ni quelques paroles irréfléchies, sinon hérétiques, du moins erronées. Ils furent l'objet d'une condamnation. Et ce fut un triomphe, moins pour l'auteur de la brochure, dont on n'a aucun motif de soupçonner la modestie, que pour le camp auquel il appartient, qui s'appelle lui-même *l'intransigeance catholique*, et qui s'en vante.

Jusque-là, ce n'était qu'une querelle locale. Le temps, les conseils d'hommes sérieux, les avis du pape, les douces admonitions des évêques, distribués avec mesure aux uns et aux autres, devaient se charger d'amortir le feu des disputes et d'établir la charité entre les hommes, sans rien diminuer des vrais principes.

Mais voici qu'à deux ans d'intervalle quelqu'un a jugé à propos d'importer la brochure chez nous et de faire goûter à l'esprit français un peu de cette saveur aigre-douce que distille l'esprit espagnol, quand il s'en mêle.

On en a fait la traduction fidèle assurément ; et, tout
à coup, lorsque personne ne se doutait qu'il y eût une
question pendante, on a poussé le petit livre, qui fait
son chemin.

Qu'on ne s'imagine pas que la controverse est publique, qu'elle est chaudement soutenue. Oh ! non, en
France la question du libéralisme a fait son temps.
Chacun s'est fait une conscience là-dessus : tant pis
pour ceux qui l'auraient assoupie imprudemment dans
les ténèbres. Nul ne se soucie de recommencer les luttes
scandaleuses, la période de diffamation et de discrédit
mutuel d'il y a vingt ans. Ceux qui pensaient y gagner
y perdirent : voilà pour l'intérêt. Ceux qui croyaient
avoir toutes les raisons eurent beaucoup de torts :
voilà pour la sagesse. Les uns comme les autres, devan-
çant la sentence des juges compétents, compromirent
leur dignité et leur situation de catholiques soumis ;
ils reçurent sur les doigts : voilà pour la discipline.
Donc, on n'est pas près de recommencer encore.

Cependant on écoule la brochure, et on la met entre
les mains de beaucoup ; ce n'est pas, croyez-le, pour
en faire un objet de simple curiosité. Il y a longtemps
que nous ne sommes plus curieux de ces livres qui ne
parlent que théologie. Pour ceux-ci, c'est un livre
facultatif, pour ceux-là un livre imposé..... Que veut
dire ce dernier mot ? Rien autre que ce qu'il dit. Déjà
on le célèbre dans certaines réunions, on le recommande dans tels journaux, et on le commente dans
quelques chaires. Il va devenir un code secret, mysté-
rieux, à l'usage du petit nombre. Il sera l'étiage officiel,
et il dira le dernier mot sur bien des personnes et sur
bien des œuvres. Telles sont, du moins, les idées de

Pierre Curé, modeste prêtre dont l'opinion ne compte pas, si vous voulez, mais qui s'est néanmoins mis en tête de se la raisonner d'abord à lui-même, et de la raisonner aux autres.

* *

D'après lui, l'ouvrage espagnol est un excellent type de controverse suivant la méthode scolastique. Ce n'est pas lui qui vous affirmera, par exemple, qu'il ne renferme aucune proposition contraire à la doctrine du catholicisme. Il n'a point mission pour cela, et il est trop respectueux des décisions romaines pour ajouter à l'approbation de la sacrée Congrégation son approbation personnelle. Cela sentirait d'abord l'outrecuidance, et cela manifesterait un jugement postérieur de sa part.

Une de ses idées, c'est que la brochure en question n'a plus aucun sens en-deçà des Pyrénées.

C'est d'abord un Espagnol qui en est l'auteur, et nul n'ignore que personne plus ne peut écrire comme un Espagnol, si ce n'est peut-être un Italien. Ce style théologique rempli de distinctions, cette composition toute cuirassée de principes rigides, et toute hérissée de conclusions logiques en apparence et inéluctables, furent connus autrefois en France et devinrent un moment l'apanage exclusif de quelques bonnets carrés du journalisme. Depuis longtemps, il ne s'en parle plus. Convenez que ce n'était rien d'aimable.

Ensuite l'ouvrage est fait pour des Espagnols et rien que pour eux ; cela est sûr, il suffit de le lire pour se

convaincre qu'on ne parle pas ainsi à tout le monde.
Pierre Curé n'entend pas écrire un mot de reproche ou
de discrédit pour ce peuple. Sous quelques rapports,
au contraire, il n'est pas éloigné d'avouer en lui une
certaine supériorité intellectuelle.

Mais, enfin, ce n'est pas lui qui a démarqué les tem-
péraments et les caractères. Ce n'est donc pas lui qui a
créé l'Espagnol belliqueux de sa nature, avide de luttes
sérieuses, de duels à outrance, sans ménagements, ne
comprenant que les coups droits et les paroles nettes,
stridentes, vibrant dans la mêlée comme un son de
trompette.

Ce n'est pas lui non plus qui a fixé les situations.
Actuellement, il n'y pas un peuple en Europe, toujours
en exceptant l'Italie, dont les embarras politiques et
sociaux soient comparables aux embarras du peuple
espagnol. Tous les autres sortent de la révolution.
On les voit s'en dégager à tous les horizons, comme
d'une épaisse nébuleuse; ceux-ci n'ont dehors que la
tête, ceux-là reposent tout entiers dans la pleine lumière.

La nation espagnole, au contraire, entre dans la
période sérieusement révolutionnaire. Toutes les
vapeurs, saines ou malsaines, se sont repliées sur les
Pyrénées. Il est des jours où elles descendent si bas
vers la Vieille-Castille, qu'on a raison de craindre que
ce ne soit enfin la nuit du chaos. Et Dieu sait ce qu'il
nous serait donné de contempler au réveil. La révolution
espagnole, si on la fait jamais, car, malgré l'histoire,
on ne l'a pas encore faite, étonnera par ses excès et par
le raffinement de ses crimes, même après la révolution
française.

Déjà les esprits clairvoyants, instruits par l'expérience des nations voisines, s'alarment de quelques symptômes et déclarent la société en péril. Ils peuvent bien tomber parfois dans l'exagération ; mais qui songe à les blâmer ? Les esprits moins perspicaces les accusent seuls de troubler leur sommeil ; ils ne voient rien, et ils comptent beaucoup sur la Providence. Cette paix de conscience n'est pas toujours un crime.

L'Espagne se trouve donc à la veille d'une période aiguë. Ses vieilles institutions crouleront-elles lentement dévorées par un progrès insensible, ou bien s'effondreront-elles avec fracas, minées en bloc par la révolution ? Toute la question est là pour elle, et c'est en réalité son avenir qui est en jeu.

L'auteur de la brochure sur le *Libéralisme* redoute fort que son pays ne succombe, comme tant d'autres, dans la violence. Et ce ne sera pas la première fois qu'on subira une catastrophe. Il a sur le cœur les abus de force, commis à trois reprises au moins, par les soi-disant amis du progrès. Leurs nouvelles tentatives le remplissent d'angoisse, et il les dénonce. Il a raison.

Il voit que ces fauteurs de révolution sont loin de posséder toute la sincérité qu'ils revendiquent, et il sait, à n'en pas douter, que, sous le couvert des vieilles institutions, ils comprennent les droits sacrés et imprescriptibles du catholicisme. Dieu merci, l'Espagne n'en est pas encore là qu'elle y renonce ; mais il prévoit que si la marche en avant de quelques hommes continue, l'Espagne apostasiera. Ces hommes, il les démasque, et il a raison.

Cette prévision lugubre le rend impitoyable contre

ces catholiques qui refusent d'envisager le but où tendent les partisans de la libre-pensée. Il les gourmande,
il les flagelle, il s'en prend à leur conscience. Il n'a pas
tort. Son œuvre est saine.

Mais où Pierre Curé l'abandonne complètement,
c'est lorsqu'il abuse de certaines qualifications, et qu'il
inflige à certains catholiques la même sentence. Même
écrite par un Espagnol, et aux seuls Espagnols, la brochure a deux grands défauts, deux vices formels qu'on
n'a pas tardé d'exploiter : sous prétexte de distinguer
les vrais des faux croyants, elle aboutit à une déplorable confusion ; et, de plus, elle trace des règles pratiques, non-seulement inapplicables, mais dangereuses.
Cela sera démontré bientôt.

Elle est, au fond, d'une logique plus apparente que
réelle. Supposez que l'auteur n'écrive que contre les
libéraux, c'est-à-dire contre des gens méritant ce
nom et pratiquant effectivement les doctrines *libérales*,
telles qu'on les entend quand on invoque les anathèmes pontificaux ; supposez donc, pour s'expliquer plus
nettement, que tous ceux qui ne sont pas catholiques
à la manière de l'auteur, sont des *libéraux* dans le
sens théologique du mot; ses conclusions sont rigou-
reuses. Mais voilà, ce que l'on tient pour acquis a
besoin d'être prouvé et, malheureusement, l'écrivain
espagnol ne s'en préoccupe nullement.

Il se définit le *libéralisme;* sa définition est irrépro-
chable. Il en cherche la condamnation authentique et
la trouve sans peine. Et puis, sans autre précaution ni
transition, il écrit : En dehors *de nous*, en dehors du
catholicisme, tel que j'en indique les règles, il n'y a
plus que *libéralisme* et *libéraux*. Cela ne suit pas ;

cela est même, n'en déplaise à quiconque, et toujours de l'avis de Pierre Curé, une erreur profonde.

Cette erreur de principe, tout en écartant notablement l'écrivain de son but, le contraint à des décisions pratiques inapplicables, et heureusement inappliquées. Vivre, comme il le recommande, avec les libéraux, en agir à leur égard suivant son avis, serait certainement imprudent ; ce ne serait peut-être pas injuste. Mais à l'égard de ceux qui ne marchent pas avec lui et qui ne sont point des libéraux ?

Pour l'auteur de la brochure, la question est absurde, parce qu'il n'y a que des *libéraux* ou des catholiques comme lui. Il est de bonne foi, il est sincère ; et Pierre Curé ne songe pas du tout à l'accuser de partialité ni d'injustice.

En voyant avec quel zèle une classe de gens, une spécialité de catholiques entreprenaient la propagande de la brochure de don Sarda, Pierre Curé conçut un soupçon. Avant de l'écrire dans un livre et de le communiquer au public, il le pesa, le réfléchit mûrement, le soumit au jugement de personnes très graves. Ni la réflexion personnelle, ni les conseils d'autrui ne l'ébranlèrent.

Pierre Curé, sans plus de phrases, pense que cette brochure est un nouvel essai d'hommes violents, aujourd'hui parfaitement oubliés, mais qui ne peuvent pas se consoler de leur oubli. Et, dès lors, il déclare tout haut ce qu'il a longtemps murmuré tout bas, que cette tentative est criminelle.

Assurément l'honorable traducteur n'est en rien mise en cause. D'avance Pierre Curé la prie de ne le point considérer comme un adversaire personnel : il reconnaît toute la vertu, tout le talent, toute la loyauté qu'on voudra dans Mme la marquise de Tristany.

Mais derrière elle, à son insu sans aucun doute, il y a une phalange ; c'est ce qui reste du vieux bataillon soi-disant seul catholique. Et ce sont même des religieux pour le plus grand nombre. De quel ordre, ou de quels ordres ? Cela ne regarde personne. Il n'est pourtant pas malaisé de deviner.

L'éditeur français n'a eu garde de laisser paraître un ouvrage comme celui de don Sarda sans l'environner de garanties. Il ne lui était pas permis de s'en remettre à la seule marquise de Tristany, quelle que soit d'ailleurs sa compétence de traducteur. La matière traitée est théologique ; elle revenait de droit à des théologiens. Ce sont deux *éminents religieux* qui ont révisé la traduction. Sont-ils de ceux qui parlent haut d'intransigeance catholique ?

Au reste, Pierre Curé ne tient pas outre mesure à cette idée : que l'idée d'une traduction est le fruit d'un complot sacré, qu'elle a été suggérée soit à l'éditeur, soit à l'interprète. Ce qu'il affirme, c'est que ce petit livre fort intempestif est aujourd'hui la bonne aubaine des vieux intransigeants. Il répond admirablement, non pas à ce qui est de la situation, mais à ce qu'ils voudraient qu'il en fût. Et ils s'en servent, comme d'un auxiliaire providentiel, pour réorganiser leur immense œuvre de haine.

Pourquoi ce livre en France ? On répond : Pourquoi n'y serait-il pas ? Son existence et sa diffusion n'ont ni plus ni moins de raison d'être que celles de beaucoup d'autres. Ce livre peut plaire à beaucoup : quel motif aurait-on de les en priver ? En tout cas, le traducteur n'avait pas à se préoccuper de l'état des esprits ; il lui suffisait de penser que son travail serait bien accueilli pour se décider à le publier. Voilà tout le mystère.

Pierre Curé branle la tête ; vous ne le persuaderez pas.

Laissons la publication de côté. A propager activement cette brochure, il y a un intérêt, celui d'un parti. Une des règles infaillibles pour connaître, sans le lire, de l'orthodoxie d'un livre, c'est de peser les qualités de l'auteur. Et pour être plus explicite, l'écrivain espagnol, qui a émis la maxime précédente, ajoute : *A priori* rejetez comme mauvaise toute œuvre dont l'auteur n'est pas avec vous. Il y aurait à redire à cette exclusion féroce. Mais voulez-vous pouvoir affirmer, avec non moins de certitude, que vous vous trouvez, dans la question présente, en face d'une manœuvre intéressée ? Voyez ceux qui vous présentent la brochure, voyez ceux qui l'étudient, ceux qui la savent par cœur, ceux qui l'allongent de leurs commentaires. Ils appartiennent tous à ce parti, un parti de saints, de zélés, comme ils s'appellent avec modestie, qui est le rempart de l'Eglise. Peut-être sont-ils tout cela, malgré les apparences ; mais ils sont également un parti de violents et de vindicatifs.

Non, jamais ils n'ont fait la paix ; ils n'ont jamais pardonné à quelques morts. Ils feindraient tout d'abord de n'en vouloir qu'à leur mémoire ; et, dès la guerre allumée, ils se rueraient sur les vivants, et ils les tailleraient en pièces. Malheur aux naïfs qui prendront à la lettre leurs accusations ! Ils se défendront ; probablement ils butteront contre telles ou telles expressions qu'on leur aura tendues comme un piège. Ils sont perdus, déshonorés, condamnés d'avance. L'intransigeance aura de nouveau fait parler d'elle.

Cette ère de douce fraternité a déjà commencé. Est-ce que depuis quelque temps la majorité de l'épiscopat français n'est pas mise en suspicion et dénoncée ? N'a-t-on pas entendu de graves murmures dans les rangs ? Ne court-il pas sur leur compte de pénibles rumeurs ? Quelques évêques ont été littéralement déchirés. Et un plus grand nombre auraient subi le même sort, si de Rome on n'avait envoyé à temps une forte muselière à chacun de ces terribles lions ou de ces grands chiens aboyeurs. Nous devons à la sagesse de Léon XIII, mais rien qu'à elle, ce reste de considération dont beaucoup de catholiques daignent encore honorer notre épiscopat.

La brochure sur le *Libéralisme* est l'occasion d'une habile revanche. Ceux qui en bénissent la Providence de Dieu et protestent qu'elle produira un grand bien, sont-ils sincères? Ils sont en tout cas bien aveugles. Supposez qu'il ne s'agisse que de vrais *libéraux,* on n'ajoute rien à leur condamnation. Et ce n'est pas en ranimant des querelles éteintes, en rouvrant à plaisir les blessures cicatrisées qu'on assurera le triomphe définitif de la vérité catholique.

Pierre Curé affirme qu'elle produira certainement un grand mal, et un mal pour certaines âmes irréparable. Ce sera d'abord un mal intellectuel, une confusion de principes, et ensuite un mal moral, une abominable confusion de personnes. L'un et l'autre, s'ils étaient réfléchis et voulus dans leurs auteurs, les rendraient absolument criminels.

* *
*

Le plus clair résultat de cette propagande sera le trouble dans les esprits. Tenez pour certain que, non-seulement beaucoup de religieux et de prêtres séculiers, mais encore qu'un nombre respectable de laïques, hommes et femmes, pris spécialement dans la classe des chrétiens dévots, liront ce livre, en feront d'autant plus de cas qu'ils le comprendront moins. Il parle d'invincible attachement à la foi, d'énergique résistance à l'erreur; cela leur suffit. Ce livre est bon, il est savant, il est parfait à la lettre.

Sera-ce trop irrévérencieux de douter que tous les moines et prêtres soient tellement amis de l'étude, tellement passionnés pour les questions de théologie spéculative qu'ils sachent distinguer la vérité des principes, des circonstances de temps, de lieu, ou de personnes qui les rendent inapplicables? Feront-ils tous cette réflexion très simple, pourtant très importante, que la France et l'Espagne diffèrent essentiellement de mœurs et de caractère, et que la situation de l'Église dans ces deux pays ne saurait jamais être envisagée sous le même aspect, par conséquent ne saurait être soumise aux mêmes règles disciplinaires?

En tout cas l'élément laïque n'ira pas si loin dans la

discussion. Il acceptera une doctrine si véritable en elle-même, si parfaitement en rapport avec ses idées comme avec ses préjugés ; il en soulignera malicieusement les passages à allusion, et il en fera le code de son christianisme pratique, auquel il ne s'astreindra pas lui-même — oh ! de cela n'ayez aucun souci ; — mais auquel il entendra que tous les autres s'astreignent, sous peine d'être taxés de libéralisme. Nul espoir que la direction à laquelle il est soumis le tire d'une malheureuse illusion dans laquelle elle-même est plongée.

Voici donc ce qui sera sûr, absolument sûr comme un article de foi, pour certains catholiques, d'après leur brochure : cette réunion, cette société, ce gouvernement *sont* libéraux, *on les dit* libéraux, et *ils se disent* libéraux ; *libéral* donc, et *hérétique* plus ou moins, quiconque assiste à cette réunion, favorise cette société, ménage ce gouvernement. *Libéral,* qui les annonce, les approuve, les soutient ; *libéral,* qui leur reconnaît quelque utilité, quelque talent, quelque justice, et leur en rend hommage. *Libéraux,* les hommes de conciliation, c'est-à-dire de concessions réciproques, évêques, prêtres, soldats, magistrats, journalistes, instituteurs, etc., la presque universalité des catholiques français. C'est le cas de gémir sur l'extrême petit nombre des élus. Tant en France comme en Espagne, ceux qui usent des mêmes moyens pour reconquérir le terrain perdu sont confondus avec ceux qui les emploient pour adoucir l'expression de leur apostasie. Voilà la confusion de principes.

De là à retomber dans le *moi* absolu, ce *criterium* plein de suffisance et d'erreur, le dernier terme de comparaison adopté par une classe de fervents, la chute est facile. Nous retrouverons plus nombreux que jamais ceux qui, *en conscience*, s'estiment purs, austères, inébranlables, et qui, toujours *en conscience*, rejetteront dans la secte maudite des *libéraux* tous ceux qui ne penseront pas comme eux, n'agiront pas comme eux, tous ceux en qui ils ne rencontreront pas la même rigidité.

Et qui dira, s'il vous plait, jusqu'à quelles exigences il nous faudra plier devant le religieux, devant le prêtre, devant le laïque même, pour ne pas encourir ce dernier anathème, dont on a raison de s'épouvanter, quoi qu'on en dise : C'est un libéral ! Une fois groupés à nouveau, — ils y tendent, et ils profiteront de cette brochure, — la caste des purs se réserveront le titre de catholiques. Hors de leur église il n'y aura plus de salut. Eux seuls cléricaux; le reste des hommes, libéraux, misérables rebelles, pécheurs obstinés ! Dans la lutte que vous soutenez contre le rationalisme, vos adversaires vous jettent à la face, comme une dernière insulte, le nom de clérical. Et certes, vous êtes fier de ce titre, qui signifie pour vous, comme pour l'ennemi, champion de l'Eglise, partisan de la foi catholique. Hélas ! quittez-moi cette prétention, vous n'êtes qu'un répudié, et vous ne valez guère mieux qu'un rationaliste, aux yeux du catholique pur. Lui ne se bat pas, il n'affronte la bête que par des discours; mais il aime bien que vous croisiez le fer pour lui, sauf à découronner ensuite le vainqueur.

Notez qu'il ne faudra pas vous contenter d'avoir presque toutes leurs idées, de ne différer avec eux que sur très peu de points, et encore de minime importance. Tout ou rien. Et quand même vous ne différeriez en rien, vous n'échapperez pas à la réprobation, si seulement vous refusez de vous inscrire au groupe et vivez en indépendant.

Et comment réussir à détruire cet exclusivisme dans la plupart de ceux qui le pratiqueront, laïques ignorants des choses théologiques ou prêtres plus pieux qu'instruits, lorsqu'on leur aura persuadé qu'il est conforme aux arrêts de la Cour romaine, et que seul il garantit la paix de la conscience ?

*
* *

Passons maintenant à la pratique. Le mal est certain, et il est impossible d'en calculer ni l'étendue, ni la profondeur. Ce qui désole, c'est que les ardents propagateurs de la brochure sur le *Libéralisme* ont prévu ce mal et l'ont voulu. Encore une fois, ceci les excuse qu'ils l'ont cru un bien.

Laissons les religieux se débattre comme ils peuvent dans leurs monastères contre cette lèpre sociale : l'arrogance de la raison individuelle et la méfiance du cœur à l'égard du supérieur. Préoccupons-nous davantage de ce qui se passe dans le monde où vit l'Eglise dans sa vie complète. Suivant la promesse de Jésus-Christ, le catholicisme ne mourra pas : il est éternel. Mais il souffrira, il perdra des adhérents, il s'affaiblira dans les consciences. Au lieu d'être la plus grande extension du royaume de Dieu, il en sera le témoin plus ou moins connu, plus ou moins obscur. Et nous arriverons à une crise douloureuse prochainement, si nous continuons à

gorger ainsi nos poumons de ce souffle empesté que dé-
gagent les sociétés rationalistes au sein desquelles
nous vivons.

Quel est ce souffle? Le jugement personnel, l'arbi-
trage à tout propos et en dernier ressort de l'individu.
Ne craignez rien ni de la luxure, ni de la simonie, ni
du sacrilège, ni de la persécution ; craignez tout du
libre examen. Craignez tout de lui principalement lorsque, délaissant les doctrines, il en attaque les apôtres
et les dépositaires.

Que l'on continue à semer la zizanie parmi les catholiques ; à enseigner la défiance au laïque vis-à-vis du
prêtre, au prêtre vis-à-vis de l'évêque, au régulier vis-à-
vis du séculier, aux fidèles de tout rang et de tout ordre
vis-à-vis du pape, et Pierre Curé, sans avoir la moindre
prétention à la prophétie, vous garantit pour bientôt la
plus grande catastrophe que la religion ait jamais subie.

Or, armez-moi un brave homme de paroissien, une
brave femme de dévote, un de ces hommes, une de ces
femmes *ancien régime* si vous voulez, mais auxquels
la fortune et une certaine culture d'esprit, bien plus
que les préjugés, conservent une grande influence à la
campagne, armez-les d'une brochure comme celle de
don Sarda : en quelle estime tiendront-ils leur bon
curé qui, à la faiblesse de ne point partager leur forme
préférée de gouvernement, joint cette seconde faiblesse
inexcusable de vivre en harmonie avec son maire, son
instituteur, son juge de paix, tous hommes sans morale,
sans religion, précisément pour le seul motif qu'ils sont
au pouvoir? Voici ce qui en adviendra, en prenant la
situation la plus bénigne.

Ce curé est un *libéral ;* sa conversation, ses relations,

sa prédication même timide et nuancée le manifestent.
Monsieur et Madame le tiennent pour un homme de
doctrine équivoque, quelque chose comme un relaps de
bonne foi. Monsieur s'en ouvrira au bon père X..., et
Madame à l'excellent père Z..., qui tous deux déplore-
ront cet aveuglement, mais n'auront garde de chercher
s'il n'y a pas malentendu. Ou bien Monsieur et Madame
rapprocheront d'eux quelque ardent du voisinage. La
consultation sera la même : *Libéral.* N'en doutez pas,
votre curé est *libéral.* C'est un saint en apparence ; au
fond, sa conscience est souillée du crime d'hérésie. Et
peu à peu l'indifférence, la désaffection gagneront les
gens du peuple qui devineront la pensée de Monsieur
ou de Madame.

En vérité, voilà un prêtre bien établi pour raffermir
et propager le catholicisme. Et ce prêtre, vous le ren-
contrerez dans quatre-vingts paroisses sur cent, ainsi
avoisiné, ainsi tenu en suspicion.

Dans les villes, le scandale sera plus évident. Pour
éviter un libéral, on se triera soigneusement, on ouvrira
de mystérieuses chapelles, et là on organisera de petits
catholicismes très fervents, très orthodoxes, bien à
l'abri des vents du siècle, j'allais écrire des vents coulis.

Il va en arriver autant à l'évêque dans son diocèse.
Quel est l'évêque qui, au sens de la brochure espagnole,
n'a pas à redouter d'être taxé de libéralisme ? Quel est
l'évêque sûr que pas une de ses paroles, pas un de ses
actes n'encourra la formidable sentence ? Si la brochure en question n'était pas, en France, une confusion
de principes et une exagération de mœurs, la majorité
de l'épiscopat français serait hérétique. .

Dès lors on peut se faire une idée du discrédit dans

lequel il va tomber encore, non-seulement aux yeux
des fidèles, mais aux yeux du clergé lui-même. Celui-
ci n'est que trop enclin à juger les actes de ses supérieurs hiérarchiques, et toujours dans un sens défavo-
rable. C'est la pente naturelle à tout inférieur, et les
supérieurs, hélas! convenons-en, ne font pas toujours
tout ce qu'ils peuvent pour la redresser.

Jusqu'ici le clergé ne peut guère pousser plus loin
contre ses évêques qu'une accusation vague de complicité politique avec les hommes de gouvernement, d'incapacité administrative, de faiblesse de caractère, d'entraînement par occasion, par intérêt ou par nécessité.
C'est déjà une audace énorme, puisque déjà le clergé
discute et pèse la parole épiscopale, ne lui reconnaît
qu'une valeur relative, et n'y acquiesce que suivant le
conseil de son jugement et l'ordre de sa conscience. Quel
est l'évêque aujourd'hui qui mène avec lui la belle majorité de son clergé?

Ah! ce sera bien pire lorsque le prêtre réputé austère, vertueux, mais entêté, en délicatesse avec son
maître, rivé, dira-t-il, aux principes, farouche contre
le système des compromis, se sera fait d'une brochure
un code de théologie infaillible, en même temps que le
manuel de ses investigations. Pour lui, la chose sera
nette, certaine, irréfragable : son évêque sera *libéral,*
hérétique par conséquent. Et il se dressera raide en face
de lui.

Est-ce que cela est une imagination? N'avons-nous
pas vu, vingt fois pour une, des prêtres, des laïques
même, se réclamant de leur zèle et de leur science, dénoncer publiquement un évêque à la réprobation de
l'Eglise et des consciences chrétiennes?

On dira que ce serait manquer aux règles de prudence tracées par l'écrivain espagnol, qui conseille une
dénonce canonique après une surveillance minutieuse.
Mais ces règles de prudence, quelques hommes ne
veulent pas, quelques autres ne sont pas capables de
les observer. Le plus grand nombre ne songent pas à
une dénonce : ils s'en lavent les mains et proclament
que ce n'est pas leur affaire. Pour eux seulement, leur
opinion est faite : l'évêque est libéral ; que Dieu nous
en délivre ! En attendant, différer de sentiment avec lui,
refuser de lui obéir est non-seulement chose permise,
mais obligatoire en certains cas. La belle famille que for-
meront bientôt nos diocèses !

Et le Pape, la suprême autorité dans l'Eglise ? Vous
la ruinerez entièrement. En tant qu'infaillibilité dogma-
tique et morale, elle résistera davantage peut-être, mais
en tant que puissance disciplinaire, elle est perdue, si
vous renouvelez vos perfides insinuations. Vous ferez
sans doute, dans vos brochures, des chapitres particuliers pour le pape tout seul ; vous tâcherez de défendre
ses actes de toute assimilation ou comparaison ; vous
vous efforcerez de faire entendre que dans telles circonstances où d'autres ont glissé dans le libéralisme, le
pape n'est pas libéral ; qu'il n'est que tolérant ; qu'il ne
recherche que les intérêts de l'Eglise ; qu'il revendique
ses droits vaillamment. Vous aurez raison, et il vous
sera très facile d'en convaincre les vrais croyants. Mais
une autorité qu'il faut ainsi défendre avec tant de distinctions et de nuances est déjà bien ébranlée. Mieux
vaudrait ne pas insinuer le soupçon en telles matières,
car le soupçon restera seul dans beaucoup d'esprits incapables de saisir vos raisonnements.

On dira de vous, parce qu'on vous connaît, que vous reculez devant une conclusion trop logique, parce qu'elle vous conduirait à une erreur et à une flétrissure ; on dira que vous prenez la défense du chef de l'Eglise plutôt par devoir que par conviction. On trouvera votre assentiment hypocrite, et l'on ne vous croira pas ; en pensant tout le contraire de ce que vous écrivez, on sera sûr d'être avec vous. Désillusionnerez-vous quelqu'un lorsque vous affecterez de comparer la politique de deux papes, d'en faire ressortir les divergences, ce que vous faites depuis dix ans ; lorsque vous publierez vos livres, vos articles de journaux, vos lettres, pour crier indirectement à la faiblesse et à la trahison ?

Prenez cent intransigeants, et ayez la main assez heureuse pour tomber sur cent intransigeants loyaux, ce qui est beaucoup, ce qui est peut-être impossible ; demandez-leur ce qu'ils pensent de bon nombre d'actes de Léon XIII : tous vous diront que ces actes sont regrettables. Pourquoi n'emploient-ils pas le mot libéral ? Parce que le libéralisme est une hérésie, et que l'Eglise enseigne l'infaillibilité du Pape. Voilà tout.

Avec ces subtilités et ces équivoques on ne régénérera pas le catholicisme dans le cœur du peuple français. Avec des brochures comme celle de don Sarda, si catégoriques d'une façon, si peu pratiques de l'autre, on réussira tout simplement à le rendre plus sceptique et plus insoumis. Ceux-là même qui ressuscitent l'éternelle question qui nous a divisés, qui y goûtent une volupté maligne, n'y gagneront pas davantage. Ils se seront acquis un peu plus d'isolement et un peu plus de suffisance.

D'ailleurs qu'enseignez-vous ? Forts d'avoir été
approuvés par la Sacrée Congrégation, vous dites : Toutes nos doctrines sont véritables. Rien, en effet, dans ce
que vous écrivez n'est contraire à la saine doctrine tou-
chant le libéralisme. Et vous triomphez au moyen
d'une abstraction. Mais qui vous a affirmé qu'en vous
adressant à nous, catholiques, vous n'avez pas guerroyé
contre des moulins à vent ? Qui vous a même donné
l'assurance que vos sentences et vos règles pratiques
sont toutes irréprochables ? Certes, la Sacrée Congrégation ne vous dira rien de semblable.

Ignoriez-vous que le mot *libéral* ne traduit pas du
tout le sens que l'auteur espagnol attache à la même
expression ? En Espagne, en Italie, en Belgique, *libéralisme* est absolument synonyme de libre-pensée ; « en
France, on l'entend de ceux qui veulent se placer,
pour mieux défendre les intérêts de la vérité et de
l'Eglise, sur le terrain de la liberté (1). » L'opposé du
clérical, en France, n'est donc pas ce que nous conve-
nons d'appeler un libéral parmi les catholiques. Et c'est
ainsi, tout le long de la traduction, toujours le même
abus et la même confusion des termes. Pourquoi, dans
sa préface, n'avez-vous pas conseillé à l'éditeur de rec-
tifier cette confusion ?

Le libéralisme est un, ajoutez-vous ; aussi ne sau-
rait-on établir aucune distinction dans la sentence qui
le condamne. C'est exact. Mais cette unité renferme
dans votre pensée plus de consciences que dans la
pensée du juge. Tels que vous comprenez sous le titre
de *libéraux* ne le sont pas plus que vous. Et leurs doc-

---

(1) M⟨gr⟩ Lavigerie. *Lettres pastorales.*

trines, ou plutôt leurs idées sont loin d'être condamnées.
Cependant ménagez-vous les uns plus que les autres,
dans le portrait que vous en tracez? Quelques-uns
même sont approuvés hautement, et vous le savez ;
cependant vous essayez les mêmes insinuations, et
vous invitez à la même méfiance vis-à-vis d'eux. De la
première à la dernière page avez-vous inséré un seul
mot qui sauvegarde cette distinction, qui empêche le
lecteur de se livrer à des réprobations exagérées et
l'instruise sur les divergences de conduite que peut
engendrer la différence des situations? Tout en feignant
de vous retrancher derrière la nécessité d'une traduction fidèle, vous n'avez pas voulu faire observer que
des vérités abstraites peuvent devenir des erreurs con-
crètes dans bien des circonstances. C'est donc l'erreur
que vous propagez sciemment.

Vous avez saisi le mot *libéral*, vous l'avez hissé
comme un drapeau d'anarchie, et vous dites : Quiconque s'affirme libéral est un ennemi de l'Eglise ; peu ou
prou, il est hérétique. Mais il y a des gens qui s'affir-
ment libéraux, au sens français, pour se distinguer de
vous dont ils n'approuvent ni la dissimulation, ni les
sentiments, ce qui ne fait pas qu'ils soient *des libéraux*
à votre sens. Ils ont tort d'employer une expression
que vous ne voulez pas entendre et que vous leur faites
payer cher ; qu'ils en inventent une autre, au cas où
se rallumerait la guerre de controverses. Mais ils seront
plus sensés, et ils se tairont, toujours en se méfiant de
vous.

Lorsque vous laissez dire à votre Espagnol qu'en
France *parti libéral* signifie *rationalisme pur appliqué à la science sociale,* vous savez bien qu'il se

trompe. Vous savez bien qu'en France tel journal libéral, tel député libéral, tel économiste libéral, peuvent
se vanter de leur libéralisme, s'en faire un motif de
supériorité en quelques circonstances, sans admettre la
moindre erreur, sans être le moins du monde hérétique,
sans être aucunement confondu, *dans l'opinion générale,* avec les *libéraux rationalistes.* Pourquoi n'avez-
vous pas appliqué un commentaire à ces passages?

Qu'on n'usurpe donc pas un nom qui prête à l'équivoque? Soit. Mais remarquez premièrement qu'il n'y a
d'équivoque que pour vous; remarquez ensuite qu'ils
sont bien rares, à notre époque, ceux qui se parent de
ce nom, au sens rigoureux comme au sens amoindri;
ils sont presque introuvables. C'est vous qui taxez
leurs paroles ou leurs actes de cette épithète. Si donc
le scandale de l'équivoque existe, vous en êtes souvent
les seuls responsables, en vous servant sciemment d'un
terme impropre et qui sert à caractériser une classe
d'hérétiques nommés.

Que pensez-vous du système de la thèse et de l'hypothèse? Que c'est là une distinction puérile, un vain jeu
de mots, sans doute? Néanmoins, l'hypothèse n'est que
la trop amère réalité en France; la situation du catholicisme y est presque aussi grave que dans les pays
hérétiques, desquels l'Eglise est trop heureuse d'accepter un *modus vivendi* libéral. En respectant toujours
l'intégrité de la foi, elle fera des concessions et des concordats qui ne peuvent être justifiés que par l'hypothèse. De leur côté, les gouvernements hérétiques, s'ils
s'obstinaient à user de l'anti-libéralisme au profit de
leur religion, rendraient impossible toute propagation
de la vérité.

L'Eglise catholique est vraie, elle est divine; elle
est la seule vraie, elle est la seule divine : par conséquent..... C'est la thèse. Et pourtant, avec nos sociétés
actuelles, il serait imprudent, parfois contraire à la
vérité même, d'agir à la rigueur du droit catholique;
c'est reconnu. C'est l'hypothèse. Sans doute, il ne faut
pas qu'une concession soit autre chose que cela, qu'elle
soit la reconnaissance formelle ou tacite d'une usurpation révolutionnaire. Rien n'est plus vrai en principe.
En pratique, on ne peut se défendre de démarches qui
la reconnaissent implicitement; on se soumet au droit
nouveau, on ne fait entendre aucune protestation, on
accomplit avec scrupule les devoirs qui en découlent,
et quelquefois on ne répugne pas à admettre certaines
parties de ce droit, jusque-là insuffisamment étudiées,
et peut-être taxées d'injustice. N'est-ce pas le vrai
libéralisme catholique de notre époque? N'est-ce pas
celui que vous détestez le plus? N'est-ce pas celui que
vous visez de préférence ? Vous ne cesseriez vos démonstrations hostiles que si, à votre suite, tous les
catholiques français brisaient unanimement le joug du
pouvoir civil, ou bien, comme préambule obligé de
leurs actes de soumission, déclaraient qu'un concordat
n'oblige que l'Etat, que l'Eglise n'a aucun devoir strict
vis-à-vis de l'Etat, que l'Etat n'a que des devoirs rigoureux vis-à-vis de l'Eglise, que par suite l'obéissance
est une concession faite à l'Etat, et non pas une consé-
quence de ses droits. Or, cela n'est pas vrai; les catholiques français n'auront garde de vous suivre; et vous,
par conséquent, ne cesserez jamais vos persifflages et
vos diffamations.

Etre libéral, c'est pécher, à quelque degré qu'on professe ou qu'on pratique le libéralisme. Se faire complice du libéralisme, c'est encore pécher. Voici en quoi consiste la complicité :

« Manifester des sympathies publiques pour le parti libéral; louer ses membres; défendre ses journaux même attaqués injustement par le pouvoir; assister à ses fêtes; voter pour un candidat libéral; imprimer, annoncer, vendre des journaux ou des livres libéraux; prêter sa maison, la louer, la vendre pour une école laïque, pour une assemblée, pour un bureau de rédaction libérales; prononcer l'éloge funèbre de défunts notoirement libéraux; orner leurs tombes de couronnes..... »

Evidemment, l'exagération même de ces principes avertit que par libéraux il faut entendre ici les ennemis de la foi, le protestantisme religieux et social; qu'il ne peut être question des catholiques, dits libéraux en France. Mais comment allons-nous nous y prendre, nous les catholiques sincères, la minorité, pour mettre dehors cette majorité de socialistes, de francs-maçons, de libres-penseurs, d'indifférents, d'ennemis de toute sorte, et assurer ainsi le repos de notre conscience? Ce qui aggrave bien péniblement notre situation, c'est qu'ils n'ont besoin ni de nos faveurs, ni de nos secours, ni de nos maisons, ni de nos voix, ni de rien qui nous appartienne. Difficilement nous pouvons devenir leurs complices. Mais c'est nous qui avons besoin d'eux : le riche, de leur concours et de leur société pour conserver encore un reste d'influence au service du bien; le pauvre, de leurs aumônes; l'ouvrier, de leur travail; le bourgeois, de leurs maisons; le paysan, de leurs terres; l'ignorant, de leurs écoles; l'innocent, de leurs tribunaux; le prêtre lui-même, de la protection de leur gouvernement. Qu'on nous rende les Catacombes!

Cependant *le libéralisme est un*. Il n'y a donc pas de raison de mettre à part les catholiques *entachés de libéralisme;* à eux, comme aux autres, il faut appliquer les décisions de cette théologie passablement exacte. Et voilà du reste l'unique mission de la brochure espagnole en France : apprendre et exciter le premier venu à faire cette application.

Ainsi, d'après ces enseignements, qui ne laisseront même plus l'excuse de la bonne foi à ceux qui les auront lus, l'abonnement au *Figaro,* à la *Patrie,* au *Gaulois,* au *Soleil,* à la *Défense,* à l'*Autorité,* peut-être au *Monde,* peut-être encore à l'*Univers,* qui a bien ses jours de semi-libéralisme, à telles annales ou revues, toutes feuilles plus ou moins libérales, complices de l'erreur libérale, ou seulement entachées de libéralisme, est un péché. C'est un péché de les rédiger ou de leur adresser des articles. C'est un péché de les imprimer, de les annoncer, de les distribuer ou de les vendre et de les prêter. Ces journaux patronnent fréquemment, sinon toujours, des candidatures notoirement libérales; c'est un péché de voter suivant leur avis. Et c'est un énorme péché qui souille la conscience des électeurs catholiques depuis le 4 octobre 1885, que d'avoir envoyé siéger au Parlement deux cents hommes réputés conservateurs, mais assez peu catholiques, pour la plupart, quelques-uns même tout à fait protestants. Louer ces hommes, les recommander aux suffrages, parce qu'ils ont fait, voudront et pourront faire quelque bien, est un crime, s'ils ne déclarent pas au préalable qu'ils sont anti-libéraux. Périsse la France, périsse le catholicisme lui-même, plutôt que certaines idées qu'on appelle *des principes!* Comment ! Ce n'est pas cela que vous voulez dire? Que signifie alors votre brochure? Mais si, c'est bien cela.

Et pourtant nos évêques n'ont pas craint d'adresser des remerciements à ces demi-catholiques, à ces hérétiques, à ces libres-penseurs, comme J. Simon, lorsqu'ils ont osé se placer en travers des menées d'un gouvernement persécuteur, lorsqu'ils ont osé affronter la bête révolutionnaire pour la contraindre à reculer. L'un d'eux, non le moins vaillant et le moins illustre, le moins suspect de libéralisme, celui que l'intransigeance a écouté avec attendrissement sur la tombe de l'amiral Courbet, catholique libéral sans conteste, n'a pas hésité à soutenir de son vote et de toute son éloquence un gouvernement radical, nettement hostile à l'Eglise, que d'autres auraient voulu couvrir de défiance et de mépris, uniquement parce qu'il consentait à excepter l'Indo-Chine et le Tonkin de ses mesures de rigueur. Tout notre clergé lui en a su gré, excepté quelques hystériques qui ne reconnaissent à personne, en dehors d'eux, le droit de faire le bien.

Et les nonces, représentants autorisés du Saint-Siège, ont félicité nos gouvernants, toutes les fois que, mûs par les seuls intérêts politiques cependant, ils ont consenti à quelque justice. Ils ont resserré les relations entre la République et l'Église; et, avec des hommes en évidence, ce sont de véritables liens d'amitié qu'ils ont noués. L'un d'eux, Mgr Rotelli, actuellement nonce à Paris, inaugurant à Rome une chapelle, concédée depuis quatorze ans, faisait publiquement l'éloge de la République française dévouée aux missions. Pensez-vous qu'il ignorât que le même gouvernement, protecteur des intérêts catholiques en Orient, persécutait la religion en France ? Naturellement nous sommes presque tous *libéraux* en France, et presque tous en état de péché.

Mais pourquoi toutes ces personnalités ? demandez-vous. Pourquoi ? Parce que nous en avons assez avec vos principes abstraits et vos imposantes dissertations dans le vide. Il vous faut conclure, sinon nous conclurons nous-mêmes. Si vous avez raison dans ce que vous écrivez, dans ce que vous prêchez, dans ce que vous insinuez ; s'il est bien vrai que tous ceux que vous visez soient *des libéraux,* que tous ceux que vous appelez de ce nom le soient également; que *tel évêque illustre,* et, à sa suite, beaucoup d'autres évêques, prêtres, laïques, *non moins illustres,* aient été vraiment *des libéraux,* votre sentence fauche non-seulement la société laïque en entier, mais le corps du clergé lui-même ; elle décapite l'épiscopat français. Elle atteint même un plus haut sommet, et, malgré vos *distinguo* les plus habiles, elle foudroie les représentants les plus avoués du Saint-Siège.

Comment ! insensés, mais où sera l'abri sous lequel le Pape lui-même déflera vos excommunications ? N'a-t-il pas décoré des protestants pour récompenser leur dévouement aux intérêts matériels de nos missionnaires ? N'a-t-il pas envoyé indistinctement des marques de sa faveur et de son amitié à des gouvernements hérétiques, ou bien issus de la Révolution, et arborant comme pavillon national le drapeau du progrès ? Et n'a-t-il pas enjoint à des catholiques sincères de tenir une ligne de conduite en opposition avec leur conscience politique, et de soutenir un homme dont l'influence, toute au service de l'hérésie, pourrait incessamment redevenir néfaste au catholicisme ?

Sans doute, vous nous ferez valoir des raisons d'Etat et entrevoir une différence entre le Pape docteur et le chef politique de l'Eglise. Et vous ajouterez ainsi une injure à une autre injure ; car, d'où avez-vous appris qu'il peut exister deux consciences contradictoires, l'une politique et l'autre doctrinale ? En présence d'un catholique, obligé pour des motifs sérieux, équivalant parfois à une crainte grave, vous n'hésitez pas à le déclarer *libéral*, s'il prête son concours à des *libéraux*. Si vos principes sont exacts, quelles seront les raisons d'ordre supérieur que vous trouverez pour nous expliquer les actes du Souverain Pontife ?

* * *

« Que vous ayez près de vous *des libéraux exaltés,* ou bien *des modérés,* ou seulement des catholiques *entachés de libéralisme,* n'établissez point de distinction dans vos relations habituelles, car le *libéralisme est un.* Ceux-ci comme ceux-là doivent être évités, si l'on a quelque souci d'échapper au fléau. La règle est dure, très dure même ; c'est égal, vous devez l'observer, sinon votre orthodoxie est compromise. »

Pierre Curé s'est demandé très sérieusement si ces hommes de principe qui tiennent tant à l'intégrité de la foi, qui poussent le scrupule jusqu'à ses dernières limites, tellement dernières qu'elles se trouvent par-delà l'impossible, si ces piètres gens n'ont pas un peu perdu la tête.

C'est déjà une grande audace que de classer parmi les êtres dangereux et malfaisants, parmi les pestiférés du catholicisme, ceux qui ont une horreur instinctive de la guerre, avec la plume ou la parole s'entend, et qui préfèrent les discussions pacifiques. Est-ce bien un tort de répugner aux assauts violents, aux apostrophes sonores, aux ruptures éclatantes? Est-ce encore un tort de souhaiter que la victoire ne soit point le fruit d'un écrasement absolu? Désirer de triompher sans blesser grièvement l'ennemi, sans le contraindre à mettre si bien tout son orgueil au vent que le rentrer plus tard lui soit chose impossible; vouloir acculer l'ennemi dans un coin où toute retraite lui soit fermée, sans lui barrer entièrement la route parcourue par laquelle il puisse retourner à la vérité, honorablement, avec les apparences d'une conviction acquise plutôt qu'imposée, est-ce donc une erreur? Oui, d'après les casuistes austères. Et pensez bien que le spectacle de ces chutes aussi profondes que nombreuses, dues à leur *chasse à l'homme* sans merci, ne les a point touchés; oh! non!

« Avec les *libéraux* de toute nuance, ne conservez que des relations nécessaires, le moins possible; supprimez les trois quarts des relations utiles et la totalité des relations de simple convenance ou d'affection. »

Absolument parlant, cette doctrine, qui invite à la suspicion et qui autorise la révolte dans la famille, dans la société civile et dans l'Église, est inattaquable. Ni un père, ni un chef d'État, ni un supérieur quelconque n'ont le droit de violer notre conscience et de porter atteinte à nos convictions religieuses. Et dès lors

3

c'est user du cas de légitime défense que de se tenir en garde contre les insinuations d'un homme adonné à l'erreur, fût-il notre père.

Mais, allez; là n'est point le souci des apôtres de l'intègre vérité : ils n'ignorent pas que cette doctrine de foi catholique fait partie de la simple religion naturelle. Et personne ne saurait méconnaître ses obligations dans la matière. Seulement, il importe de suivre leur raisonnement jusqu'au bout, en le prenant à son origine, et en l'appliquant à ceux qu'il vise en réalité.

Cette famille se compose de quatre membres qui s'aiment bien entr'eux, un mari et une femme, un frère et une sœur. Le mari est un débonnaire incorrigible; il incline toujours au calme, à la modération dans les polémiques, dans les jugements portés sur autrui; il est l'homme de toutes les aumônes sans distinction, de tous les devoirs rigoureux en ce qui le concerne, de toutes les indulgences vis-à-vis des autres ; et nul ne l'agace plus fort que ces discoureurs à temps et à contre-temps qui prétendent prouver qu'aucun régime ne vaut le leur, aucune chapelle la leur, aucune direction la leur, aucune théologie la leur. Le frère, hélas! a bu plus profondément à ces doctrines de concession; il partage beaucoup de préjugés et croit trop facilement à un progrès intellectuel et moral qu'il estime inséparable du progrès matériel; quoique religieux, et même pratiquant, il confesse à tout propos son aversion pour les extrêmes. Cependant le premier est un excellent époux, un père admirable; le second est un excellent frère, un fils modèle. La mère et la fille, heureuses de leur affection, vivent avec eux en parfaite communauté de sentiments.

Survient un directeur zélé qui reçoit les confidences de ces deux femmes et les juge inébranlables dans leur foi, ardentes dans leurs convictions. Il les honore d'une particulière attention. Bientôt il leur donne mission de réagir par la prière et par l'exemple contre les tendances de la foule au relâchement. Il leur parle du *libéralisme* et les invite à ne point laisser pénétrer cette peste dans leur maison. D'ailleurs, il leur apprend à le reconnaître, à le juger et à le condamner; à son aide, il appelle une brochure.

Voyez-vous maintenant ces deux femmes épier les actes et les paroles, surveiller même la pensée des deux hommes, se convaincre peu à peu, lentement mais irrévocablement, de leur *libéralisme*, les reprendre d'abord avec douceur, les accabler ensuite d'observations froides et pédantes, les dégoûter non moins efficacement de leur intimité, et les damner sans rémission au fond de leur conscience? Ces deux femmes sont des catholiques intègres, paraît-il, et elles ne font que leur devoir. Elles sont admirables! ajoute-t-on. C'est possible, mais c'est aussi très contestable. Ce qui ne l'est pas, c'est que cette famille, hier un paradis, est aujourd'hui un enfer, depuis que la casuistique s'y est introduite.

Si l'on en vient aux relations utiles, la règle tracée même pour les *vrais libéraux* rend impossible la vie sociale, toute entente des gouvernants avec les sujets, des patrons avec les ouvriers, des supérieurs avec les inférieurs. Qu'on imagine une société qui se divise tout à coup en deux camps nettement tranchés, ceux qui pensent d'une façon, et ceux qui pensent d'une autre, tous deux se chargeant d'anathèmes, tous deux ne s'accordant de confiance, de subordination et de respect que

le peu qui suffit aux affaires inévitables ; qu'on l'organise,
si l'on peut : avant le soir, une de ces deux armées,
sinon toutes les deux ensemble, sera exterminée ou par
la force ou par la faim.

Les théologiens de la trempe de ceux à qui nous nous
adressons prétendent avoir de sublimes aperçus ; sûrement ils regardent la lune et non point la terre. Au
reste, on ne saurait trop le répéter : eux-mêmes
reconnaissent que ces principes sont inapplicables, et
les premiers ils les désertent à chaque instant du jour.

Et que l'on considère une fois de plus ceux qu'ils
appellent des catholiques *entachés de libéralisme*. A
leur égard, une telle ligne de conduite devient non-
seulement une impossibilité absolue, mais une absolue
injustice. Avez-vous clairement démontré qu'ils sont
libéraux, avant de les séquestrer comme tels ? Vous les
tenez pour égarés autant que dangereux, pour voisins
de l'hérésie, et par suite voisins de leur perdition ;
quel est donc votre devoir strict, Pharisiens endurcis,
par rapport à eux ? N'est-ce pas de les détromper ? Et
alors n'êtes-vous pas obligés d'aller à eux ?

Non, ne mêlons pas à ces discussions de parti, dans
lesquelles la loyauté se défend contre la rancune, le
nom trois fois adorable de Jésus-Christ. En vérité,
dans leur emportement, ils seraient bien capables d'accuser de *libéralisme* Celui qui défendait de dire à son
frère Raca, qui ordonnait de faire du bien aux ennemis,
à l'exemple de son Père, qui répand les flots de pluie et
de lumière sur les méchants comme sur les bons, qui
conseillait de tirer la poutre de ses propres yeux avant
de chercher à retirer la paille des yeux d'autrui ; Celui
qui aima Zachée et la Madeleine ; Celui qui engageait la

conversation avec les pécheurs et les pécheresses de la Judée ou de Samarie, qui s'asseyait à leur table; Celui qui fuyait les austères et affectait de s'environner des petits.

Aucune amitié, aucune condescendance pour ces maudits *libéraux!* Ne les saluez pas dans la rue, ne les écoutez pas dans les assemblées, ne vous asseyez pas à une même table, *ne commisceamini... nec cibum sumere!* Qu'ils soient pour vous comme s'ils n'étaient pas! Etablissez un cordon sanitaire! Et allumez de grands feux pour purifier l'air qui vous vient de leur côté! Et penser que cela concerne également une multitude de vrais fidèles, un grand nombre de saints évêques et de saints prêtres !

Réflexions en passant. Faire découler le piétisme du naturalisme ou du *libéralisme* ressemble beaucoup à une distraction ou à un tour de force. Tout ce qui aboutit au même résultat ne provient pas toujours de la même cause.

A vrai dire, nous n'avons pas beaucoup de catholiques pieux, — mettez-y tous les religieux et tous les prêtres séculiers que vous voudrez, — mais nous avons un grand nombre de piétistes qui ne savent rien à l'union mystique des âmes avec Dieu, mais qui recherchent avidement les émotions, les satisfactions intimes, les séparations du vulgaire. Or, piétiste et libéral font deux ; ils se confondent si peu que la plupart du temps ils sont ennemis jurés.

Le piétisme est de nos jours assez fréquent parmi les fidèles qui pratiquent l'intransigeance. Il vient directement de la suffisance particulière à quelques confesseurs, fiers de leur orthodoxie et de leur vertu, qui s'emparent des âmes les plus mystiques et leur infiltrent leur propre assurance. Dans le langage usité parmi les dévots d'initiation et de cachotteries, cela s'appelle les âmes d'élite, les âmes supérieures, ou plus simplement les âmes. Le piétisme a son argot, comme le mysticisme véritable a sa langue céleste ; il naît de l'orgueil et ne se nourrit que de l'estime de soi-même.

« Dire ce que tout le monde sait n'est pas une injure. » A condition d'être fortement médité, cet aphorisme peut être vrai. Mais il faut beaucoup trop d'esprit pour distinguer entre injure et injustice, entre dire à temps et dire à contre-temps. Si, à la place de cette ligne, quelqu'un écrivait : Dire ce que tout le monde sait est quelquefois une diffamation, souvent une injustice, toujours une offense, il aurait également raison. Ces sentences ont trop besoin d'être commentées, expliquées dans un sens restreint, pour qu'il n'y ait pas intérêt à les taire.

On voit bien ce que cela signifie. La guerre est ouverte entre catholiques. L'intransigeant provoque son adversaire et lui crie : Vous êtes *libéral.* Quelle injure a-t-il faite ? Tout le monde ne sait-il pas cela ? Oui ; mais le plus souvent d'où a-t-il sorti sa connaissance, Monsieur Tout-le-Monde ? Il y a dix, vingt ans que l'intransigeant travaille à lui faire une opinion d'après la sienne, sur son adversaire.

Qu'est-ce qu'un *libéral?* Un hérétique, un chrétien traître à l'Eglise, un homme dangereux à qui n'est due aucune obéissance : est-ce que tout le monde ne sait pas cela? L'intransigeant pourra donc le dire tout haut, à l'adresse du premier évêque venu, et même l'écrire sous le voile de l'anonyme ; il n'aura proféré aucune injure.

Dans ce combat d'édification pour les incrédules, il s'acharnera sur ses ennemis, qui devront se rendre à lui et seront traités sans merci. Les emportements du langage, la violence des apostrophes, les défis superbes, les résistances sonores, les révélations implacables, les insinuations perfides, les allusions transparentes, les coups droits et les coups de Jarnac, tout sera bon, tout sera louable, pourvu que la victoire définitive demeure aux soldats de Dieu : aux seuls purs, cela va sans dire. « Etre passionné n'est pas répréhensible, quand on l'est par la sainte ardeur de la vérité. » Jamais les plus opiniâtres d'hier n'avaient su écrire si bien. O morale ! Et si ce que je crois la vérité ne l'est point ? Est-ce que la vérité elle-même ne pourrait pas devenir l'erreur, après cet égorgement sans scrupule ? Ces doutes sont inconnus.

.•.

Admirons l'excessive modestie de nos catholiques purs. Ils veulent bien convenir que souvent ils emploient de gros mots, qu'ils s'échauffent la bile *par la sainte ardeur de la vérité.* Alors ils déversent l'injure

à torrents, au nom d'une loyale franchise, sur leurs
contradicteurs. Tout le monde fut frappé, il y a vingt
ans, de la liberté de langage et des excès de plume
qu'on se permettait dans la trop retentissante querelle
du *libéralisme*. L'ironie ne suffisait pas, la médisance
venait au secours; à bout de ressources, on dirigeait
contre la personnalité attaquée une apostrophe aussi
véhémente que possible.

Discuter en ces termes n'est cependant ni charitable
ni raisonnable. Qu'est-ce que discuter? C'est expliquer
une différence de vues, c'est tenter d'éclairer un esprit
et de ramener une conscience à ce qu'on juge être la
vérité. Ni ces explications, ni ces tentatives ne com-
portent une attitude qu'on est bien obligé d'appeler
insolence. C'est du moins ce qu'il vous semble. Mais
vous vous trompez.

Le parti rigide, en adoptant cette attitude, sait fort
bien ce qu'il fait. Il suit l'exemple de Jésus-Christ, de
l'apôtre des nations, et des plus grands saints, parmi
lesquels, pour n'en citer que quelques-uns, les Jean-
Baptiste, les Jérôme, les Chrysostôme, les Thomas
d'Aquin, les François de Sales. Ce qu'ils pratiquent est
de tradition dans l'Eglise; vous pouvez vous en convaincre. Et comme vous voyez, ces braves gens qui
militent au profit de la saine doctrine aiment à se
tenir en bonne compagnie; seulement on peut retou-
cher le raisonnement et nier quelque peu la similitude.

Jésus-Christ, la douceur même, la miséricorde et
l'indulgence incarnées, n'a pas cru devoir toujours
retenir son indignation, en présence de ses ennemis,
notoirement prévaricateurs, hypocrites fieffés, per-
pétrant leurs crimes en public, se vantant de leur incré-

dulité, et provoquant à toute heure la patience du Sauveur. Il les a flétris, et même frappés de cordes en quelque circonstance. Il était le Maître, le Souverain Juge, le Vengeur des opprimés : il faisait son œuvre.

Modestement, nos purs se constituent les égaux de Jésus-Christ. Ils ont cette mission à remplir, tous et chacun, de poursuivre à outrance les libéraux ; ils ont le même droit que Jésus-Christ d'employer des violences d'expression, et si c'était la mode, des violences de fait. N'ont-ils pas devant eux tout un peuple d'adultères et d'hypocrites, dont le crime est démontré, dont la mauvaise foi est certaine? Si le Christ a dû quelquefois sortir de sa mansuétude, eux, ils peuvent ne pas décolérer un instant. Aucun doute à ce sujet. Le Christ voyait le fond des cœurs ; il aurait pu, au besoin, révéler l'infamie des Pharisiens, si elle n'avait été publique. Eux-mêmes ne sont pas moins infaillibles ; ils démasquent les hypocrites. Car, si vous suivez le raisonnement de Pierre Curé, vous avez remarqué qu'il ne s'agit plus des *libéraux* notoires, mais des *soupçonnés de libéralisme*. Et ce sont ceux-ci qu'ils découvrent en masse, avec une sûreté de vue dont ne jouissent pas même les grands inquisiteurs, juges autorisés de la foi.

Vous avez lu l'histoire; vous savez donc ce qu'étaient les schismatiques de Crète et ce qu'était Elymas le magicien. Etes-vous surpris d'entendre l'apôtre, dans un mouvement d'indignation légitime, appeler celui-ci un *fils du diable,* et ceux-là *des bêtes malfaisantes?*

Vous savez ce qu'était Vigilance : un sectaire acharné, égoïste, faisant métier d'attaquer telle partie du symbole

catholique. Saint Jérôme le prend à parti et le raille
amèrement.

Saint Jean Chrysostôme attaque en face le fastueux
despotisme d'Eutrope, pour lequel il plaidera bientôt
la clémence impériale; saint Bernard dénonce en termes
sévères les agitations d'Armand de Brescia; saint
Thomas d'Aquin stigmatise énergiquement la philosophie aussi perfide qu'erronée de Guillaume de Saint-
Amour; saint François de Sales ne sait point conseiller
les ménagements vis-à-vis des hérétiques obstinés.

Et cela suffit pour autoriser une poignée d'écrivains
à jeter tantôt l'outrage, tantôt le ridicule sur une foule,
plus particulièrement sur les maîtres autorisés de cette
foule. En les nommant? Point du tout, car cela dépasserait les bornes, mais en les désignant d'une manière
claire. Sont-ils ennemis de Dieu? Sont-ils hérétiques,
schismatiques, apostats? Leurs discours tombent-ils
sous la censure romaine? Sont-ils des *libéraux* enfin,
et, comme tels, frappés d'une sentence pontificale?
Mille fois non; on ne peut pas nettement les accuser de
libéralisme, mais on les soupçonne d'être *entachés* de
cette lèpre.

Vous voyez, par conséquent, que les occasions de
colère sont les mêmes, qu'il y a bien lieu de déployer
tout le zèle des saints docteurs cités à l'appui, de ne
reculer devant aucune expression, d'appliquer dans
toute sa rigueur la belle et touchante maxime : *A l'ennemi point de quartier !*

« Ainsi donc il convient d'enlever toute autorité et tout crédit au
« livre, au journal et au discours de l'ennemi; mais il convient aussi,
« en certains cas, d'en faire autant pour sa personne, oui, pour sa per-

« sonne, qui est incontestablement l'élément principal du combat,
« comme l'artilleur est l'élément principal de l'artillerie, et non la
« bombe, la poudre et le canon. Il est donc licite, en certains cas, de
« révéler au public ses infamies, de ridiculiser ses habitudes, de traî-
« ner son nom dans la boue. Oui, lecteur, cela est permis, permis en
« prose, en vers, en caricature, sur un ton sérieux ou badin, par tous
« les moyens et procédés que l'avenir pourra inventer. ... D'où le li-
« béralisme a-t-il donc tiré l'obligation nouvelle de ne combattre
« l'erreur qu'en faisant abstraction des personnes ? Qu'ils s'en tiennent,
« là-dessus, à la tradition chrétienne, et qu'ils nous laissent, nous
« les Ultramontains, défendre la foi comme elle a toujours été défen-
« due dans l'Eglise de Dieu. Que l'épée du polémiste catholique blesse,
« qu'elle blesse, qu'elle aille droit au cœur ! C'est là l'unique manière
« réelle et efficace de combattre (1). »

C'est plus qu'énergique, c'est passablement sauvage.
Mettez-moi cette formule en pratique dans vos querelles
avec un adversaire déclaré, un athée, un franc-maçon,
un révolutionnaire ; vous êtes sûr d'avoir une jolie
mêlée, un triomphe remarquable. C'est-à-dire que tous
deux vous serez couverts de boue ; les témoins de la
lutte ne distingueront plus que deux tas de boue ; ceux
qui viendront vous relever ne remueront que de la boue.
Passe encore pour l'effronté fils de Satan auquel de semblables chutes sont familières. Mais vous ? Comme vous
serez admis désormais à poser en champion de la vérité
inattaquable et de l'universelle charité ! Comme vous
toucherez les cœurs, dégoûtés de votre situation mal-
propre, quand vous leur donnerez l'assurance que la
sainte Eglise de Dieu a toujours été défendue ainsi !
Pauvre insensé !

Mais la bataille ne se livre guère entre catholiques et
libéraux, au sens exact de l'expression. Avec les

(1) *Le libéralisme est un péché.* Don Sarda, page 105.

modérés, le catholique pur évite tout froissement et toute contradiction, parce qu'après tout, c'est le modéré qui détient le pouvoir, qui dirige les affaires, qui gouverne l'opinion, qui influence les évènements, de qui dépend la sécurité de la vie matérielle. Avec lui, il fait le sourd, l'aveugle, le perclus; il fait jouer tous les ressorts de l'interprétation habile, de la restriction mentale, pour accommoder les principes. Il a même de secrets moyens pour prévenir le scandale des faibles et justifier à leurs yeux tous ses ménagements.

Avec les *exaltés*, les *radicaux*, il compose aussi quelquefois, afin d'endormir ou de rassasier l'ogre. En tout cas, il ne le provoque guère en combat singulier, parce qu'ils ne manient pas les mêmes armes, et que la dignité du premier aurait toujours à perdre, bien inutilement du reste, au contact des seconds.

Mais c'est avec les *nuancés*, les *teintés*, les *entachés* de *libéralisme* que le pur se dédommage amplement. Ceux-ci sont de la famille; il sont de ceux pour qui la charité est un devoir, la mansuétude une obligation. S'ils y manquent, gare à eux; ils trouvent aussitôt à qui parler. S'ils observent le précepte scrupuleusement, on les montre accroupis, terrassés sous le pied du vainqueur, à bout de raisons, humiliés par la défaite, heureux encore de n'être point achevés par la foudre des anathèmes.

Quelle différence y aura-t-il entre le pur et le demi-pur, si l'un peut prétendre aux mêmes excès de langage sous prétexte que l'autre ne s'en prive pas? Aucun, direz-vous. Mais aussi admirez la bravoure autant que la noble désinvolture du *pur* vainqueur qui a tout scruté, tout révélé, tout souillé jusqu'au nom du vaincu;

car il est parvenu à démontrer que son adversaire n'est qu'un vil bâtard. O religion de Jésus-Christ !

Mais enfin tout cela peut-il se dire et s'écrire, tout cela peut-il être mis en pratique, non pas une fois, non par suite d'un entrainement, mais chaque jour, et en vertu d'un système, sans que l'Eglise intervienne? Le pape approuve-t-il ces comparaisons et ces prétextes? Admet-il qu'une pareille guerre soit conforme aux préceptes évangéliques et aux traditions de l'Eglise ? A-t-il encouragé les polémistes chrétiens dans cette voie détestable, et les a-t-il confirmés dans leur droit ?

Non, certes, avouent les pourfendeurs de l'intransigeance. Il est très vrai que les papes ont recommandé plusieurs fois la charité et la modération aux journalistes catholiques. Léon XIII, en particulier, *«veut qu'on évite les manières agressives, les épithètes dénigrantes et les personnalités injurieuses.»* Mais il ne s'adressait pas à nous, ou plutôt il ne s'adressait qu'à nous.

« Il est de la dernière évidence que le Saint-Père, en donnant ces
« conseils de modération et de douceur, s'adressait à des catholiques,
« traitant avec d'autres catholiques des questions libres, et non à des
« catholiques soutenant, contre des *anti-catholiques déclarés* le rude
« combat de la foi. Il est hors de doute que le Saint-Père n'a point
« fait allusion aux incessantes batailles entre catholiques et libéraux,
« car par cela même que le catholicisme est la vérité et le libéralisme
« l'hérésie, les combats livrés entre leurs représentants doivent être
« appelés en bonne logique batailles entre catholiques et hérétiques...;
« Les paroles de l'Encyclique *Cum multa* dont l'impiété libérale a tant
« abusé contre les plus fermes catholiques, sont les paroles mêmes
« par lesquelles Notre Très Saint-Père le Pape Léon XIII engage
« les catholiques qui écrivent à éviter le ton de la violence dans la
« défense des droits sacrés de l'Eglise, et à recourir de préférence
« aux armes plus dignes de la modération, de telle sorte que le poids
« des raisons, plutôt que l'apreté et la violence du style, donne la
« victoire à l'écrivain. Il est manifeste que le Saint-Père n'entend

« parler ici que des polémiques entre catholiques et catholiques, et
« nullement de soumettre à cette règle les polémiques des catholiques
« avec les ennemis déclarés du catholicisme (1)... »

Il faudrait encore citer toute une page ; mais ce français sent trop l'espagnol pour en saturer les lecteurs.
La clef du raisonnement est celle-ci : Léon XIII n'a pas
voulu dire autrement que nous, c'est certain ; il ne le
pouvait pas, c'est bien plus certain encore. Nous
sommes dans l'absolue vérité, puisque nous suivons la
tradition constante des plus célèbres apologistes de
l'Eglise. « *Est-il admissible que leur style et leurs
procédés soient condamnés d'un trait de plume ?* »
Ici Pierre Curé a besoin de relire. C'est si fort, si
invraisemblable qu'il craint d'avoir mal lu. Et pourtant
cela est bien dans le livre comme il l'a transcrit.

Ainsi donc les paroles de l'Encyclique *Cum multa*
ne signifient pas du tout ce que vous croyez ; vous
vous êtes singulièrement mépris sur la portée de tels
actes pontificaux, comme la réprimande infligée au
cardinal Pitra, le bref d'approbation à l'abbé Lagrange
au sujet de sa *Vie de Mgr Dupanloup,* et la lettre du
cardinal Rampolla, condamnant le *Siglo futuro.*

Et pourquoi pas d'ailleurs ? Vous le demandez ?
Vous avez assez de sottise pour ignorer que les vigilants
gardiens de la foi en connaissent autant que le Pape ?
Est-ce que le Pape pourrait se passer d'eux pour com-
prendre et définir la vérité ? Le Pape sait ce qu'il dit,
personne ne le conteste ; mais eux seuls savent ce que
le Pape veut dire. Si le Pape avait penché seulement à
dire autre chose que ce qu'ils vous garantissent, il

(1) *Ibid.,* page 108.

serait tombé en contradiction avec toute la tradition catholique, ce qui est absurde ; ne le voyez-vous pas ?

Mais ce qui est de mise à une époque pourrait bien répugner à une autre ? Ce que l'on dit à un individu, à une secte, n'est peut-être pas bon à répéter à tout un peuple ? Raisons que tout cela ; « *la guerre* est la guerre, et jamais elle ne se fit autrement qu'en causant du dommage. » Aucun pape ne changera cela.

Et voilà comme quoi, entre catholiques et non catholiques, quels qu'ils soient, entre purs et sectaires de l'erreur libérale, quels qu'ils soient, la dureté, la violence, l'invective, l'acrimonie, sont même obligatoires. Avant peu ce seront de nouvelles vertus.

Cette logique n'a rien de bien rassurant pour les pauvres *entachés* de libéralisme. Si elle est adoptée et suivie, ils passeront encore de cruels moments. Le conseil qu'on doit leur donner, par exemple, c'est de tout supporter avec résignation. Qu'ils n'aillent pas surtout implorer de nouveau la pitié — ils l'ont fait déjà, parait-il — car la *Civillà cattolicà* vit encore; elle sait toujours faire de ces articles *aussi pleins d'humour que de profonde philosophie ;* elle les en écraserait. Cela tombe d'aplomb, un article de la *Civillà;* on ne s'en relève pas. Qu'ils affrontent tout jusqu'à la plainte ; s'ils gémissent, que nul ne les entende, surtout la *Civillà.* Car si elle surprend un seul de leurs soupirs, ç'en est fait; ils peuvent se considérer comme perdus.

Essayons un simple rapprochement. Vous avez entendu l'intransigeance prêcher la guerre sans pitié, sans
trève, avec les ennemis, et vous jurer qu'elle est de
tradition constante, universelle dans l'Eglise de Jésus-
Christ ; que le Pape lui-même ne peut pas la trouver
mauvaise et la condamner sans s'exposer à réprouver
le style et *les procédés des plus célèbres apologistes.*
En d'autres termes, en supposant un moment l'impossible, un Pape qui contredirait l'intransigeance sur
la matière, ne serait plus infaillible, puisqu'il se
serait trompé. Il vous faut donc conclure que tous
ceux qui pensent, parlent, écrivent ou agissent
autrement que l'intransigeance, se trompent. Mais
quelle opinion aurez-vous de celui qui abuse de
sa situation, d'un évêque par exemple, pour enseigner que le contraire est la vérité, et condamner ainsi
indirectement les principes de l'intransigeance ? Que
penserez-vous de tout l'épiscopat français affirmant que
plus les circonstances sont graves, les persécutions
odieuses, les injustices évidentes, les ennemis entre-
prenants, il est du devoir des catholiques de recourir à
la modération et à la douceur, tout en revendiquant
leurs droits sans faiblesse ?

Le 1er janvier 1865, M. Baroche, ministre de la
Justice et des Cultes, s'était arrogé le droit, malgré les
prescriptions formelles du Concordat, d'intercepter la
correspondance du Saint-Siège, de la tailler et corriger
à sa guise, et d'interdire aux évêques la publication de
l'Encyclique *Quantâ curâ* et du *Syllabus.* La protestation de l'épiscopat français ne se fit pas attendre ; elle
fut unanime. Ce sont ces lettres mémorables, quelques-
unes de véritables pages de théologie, auxquelles nous

demanderons l'avis non moins unanime de l'épiscopat
sur la façon de discuter avec ses ennemis et de traiter
leur personne quand on condamne leurs erreurs.

« L'autorité dans l'Eglise catholique est toujours vivante; elle est
là pour redresser les commentaires intéressés des uns et des autres.
Elle n'a chargé aucun écrivain ni aucun journal de parler à sa
place (1). »

« Que votre zèle soit sans amertume et sans aigreur; qu'il ait tous
les caractères de la charité, toujours patiente, douce et bienveillante.
Sachons reconnaître ce qu'il y a de louable autour de nous, et
tâchons de le rendre meilleur encore (2). »

« Autres temsp, autres mœurs (3). »

« Vous placerez une garde de circonspection. Vous vous abstien-
drez de toute parole offensante et même trop vive (4). »

« Méfiez-vous d'une vivacité de langage qui repousse les cœurs,
loin de les attirer à Dieu (5). »

« En restant fermes sur les principes, ne vous départez jamais de
la circonspection, de la réserve et de la prudence, aujourd'hui si
nécessaires ; dans vos instructions et conversations évitez sévèrement
les questions et les allusions politiques ; sacrifiez tout ce qui serait nuisible, dangereux ou simplement inutile aux âmes ; tenez-vous en
garde contre les entraînements et les vivacités auxquels votre zèle
même pourrait vous entraîner (6). »

« Si nous repoussons l'erreur, nous devons conserver la charité
envers ceux qui s'égarent (7). »

« Nous recommandons spécialement à notre bien-aimé clergé et à
nos chers catholiques cet admirable moyen de prosélytisme, qui consiste à poursuivre les hommes par tous les moyens possibles de bonté,
d'amour et de bienfaits (8). »

« Il faut se garder des excès de zèle qui tendraient à envenimer le
débat (9). »

« Sans jamais fléchir sur les principes, n'aigrissons pas, par des
discussions inopportunes, des esprits égarés et prévenus (10) »

(1) L'Evêque de Saint-Brieuc. — (2) L'Evêque de Meaux. — (3) L'Evêque de Clermont. — (4) L'Evêque de Dijon. — (5) L'Evêque de Troyes. —
(6) L'Evêque de Limoges. — (7) L'Evêque de Chartres. — (8) L'Evêque de
La Rochelle. — (9) L'Evêque d'Agen. — (10) L'Evêque de Beauvais.

« Il ne suffit pas de nous attacher plus fortement que jamais au grand principe de l'unité catholique et d'étudier avec soin les règles de la justice ; il faut encore animer toutes nos pensées, toutes nos résolutions, toutes nos paroles, tous nos actes par les inspirations de la charité. Ce fut toujours la pratique des saints, ce sera aussi la nôtre (1). »

Cette unanimité de l'épiscopat français, il y a vingt ans, à interpréter ainsi la belle parole du grand apôtre : *Conserver la vérité dans la charité*, dure encore. Inspirés par la mansuétude toute divine de Léon XIII, nos évêques parlent du haut de la chaire, écrivent dans leurs instructions pastorales comme parlaient et écrivaient leurs prédécesseurs. Quelques-uns même, dans la surabondance de leur charité, n'ont pas hésité à s'expliquer dans un sens qui a causé l'alarme des chrétiens irréfléchis, jusque dans le camp des plus modérés. Et jamais le Saint-Siège n'a trouvé dans ces lettres ou dans ces discours l'expression du libéralisme, ni l'occasion de les condamner comme contraires à la tradition catholique.

« Trois fois, écrit le cardinal Lavigerie, durant l'espace d'une année, en France, en Espagne, en Italie, Léon XIII a rappelé aux catholiques, avec une netteté et une force croissantes, le devoir d'une union parfaite, et comme moyen nécessaire de cette union la subordination des fidèles, et particulièrement des rédacteurs des journaux catholiques, aux évêques dans les diocèses, et des évêques dans toute l'Eglise à leur chef suprême, le vicaire de Jésus-Christ... Il exhorte les catholiques à renoncer à leurs pensées même les plus généreuses, à leurs plans, même en apparence les plus efficaces,

(1) L'Evêque d'Evreux.

lorsqu'ils ne sont pas conformes à la pensée et à la direction du vicaire de Jésus-Christ. »

« Nous n'éloignerons pas notre prochain parce qu'il n'aura pas nos principes ou notre éducation, mais nous lui apprendrons la supériorité des nôtres en le rapprochant par la sincérité et la délicatesse de nos égards. Quand notre conscience nous obligera de blâmer, nous le ferons en termes si charitables que tous admireront nos efforts pour améliorer, maintenir et utiliser. » Ainsi parlait Mgr Gouzot en prenant possession de l'archevêché d'Auch.

Eh bien ! c'est là un singulier langage. En apparence on le dirait conforme soit à ce que l'on sait de la miséricorde divine, soit à ce que l'on se représente comme la charité sociale. Néanmoins ici les apparences nous trompent, et ceux qui s'y sont fiés assez pour adoucir les rigueurs de la saine morale, se sont trompés. La parole de tous les Evêques français est bien près d'être *libérale ;* ils se sont en tout cas séparés de la tradition catholique, et leur *opposition diamétrale* aux principes de l'intransigeance ne prouve qu'une chose, c'est qu'il vaut mieux obéir au plus humble des purs, visiblement assisté du Saint-Esprit, qu'au plus illustre Evêque, visiblement inférieur à sa mission.

Un mot sur l'union des catholiques avec les libéraux sur le terrain politique, en matière administrative ou législative. La France appartient aujourd'hui au plus habile; elle sera demain au plus audacieux. Nous n'avons plus ni hommes ni principes desquels nous puissions espérer le salut de la société. C'est une vérité devenue banale pour avoir été répétée si souvent. Il faut noter que les docteurs célèbres du parti intransigeant sont les premiers à dire cela et le proclament plus haut que tous les autres.

En dernière analyse, quels sont les hommes qui visent le pouvoir, qui le convoitent, qui le veulent et qui l'auront peut-être si certaines idées viennent à prévaloir? Ce sont les radicaux, les tenants du naturalisme le plus cru, les apôtres de la libre-pensée, les ennemis jurés de tout ordre social. Voilà un fait.

En voici un autre. C'est que les uns après les autres, tous les pouvoirs avilis, ceux-ci par crainte vaine, ceux-là par complicité, ont favorisé l'élément révolutionnaire, l'ont défendu contre la répression, l'ont nourri et entretenu dans cet état d'embonpoint qui défie la mort. Les radicaux, enorgueillis par leurs succès de tribune, appuyés par l'instinct de la majorité d'un peuple affamé autant que corrompu, luttent avec persévérance. Humainement parlant, ils sont de rudes adversaires.

Et qui, en face d'eux, tient levé, s'il vous plait, le drapeau de la paix et de l'ordre publics? Comptez parmi cette foule qui fait digue au torrent révolutionnaire les soi-disant catholiques purs. Combien en rencontrez-vous? Quelques-uns parmi ceux qui haranguent; très peu parmi ceux qui combattent. Ensemble ils sont bien une grosse poignée. Toute autre considération écartée, pensez-vous que la lutte serait égale, s'ils étaient seuls à se battre? A qui attribuez-vous la victoire définitive? Aux radicaux.

C'est donc chose acquise : en supposant que les catholiques purs, même unis pour cette fois aux *entachés* de *libéralisme*, s'isolent, ils doivent dès à présent considérer la France comme perdue.

Cette chute sera bien plus inévitable, si les catholiques, fiers de la sainteté et de la justice de leur cause, sans jactance si l'on veut, chassent de leurs rangs les troupes auxiliaires du libéralisme *modéré*, les *conservateurs*, après les avoir traités d'indignes et les avoir taxés d'impuissance. Les expulsés n'assisteront pas indifférents au, combat suprême. Il y a tout lieu de croire que véritablement offensés dans leur honneur et dans leur loyauté, avant d'avoir été convaincus dans leur raisonnement, ils tourneront les armes contre leurs alliés de la veille au profit du radicalisme.

Qu'aurons-nous gagné en fin de compte à ce nouveau défi, à cet isolement volontaire ? Une plus grande certitude de notre chute : c'est le plus clair résultat. Et quel intérêt avons-nous à précipiter la France dans cet avenir ?

Vous nous dites que la situation religieuse de notre pays, qu'il appartienne aux radicaux ou aux libéraux, sera la même ; l'un ou l'autre sort, vous est indifférent. Taisez-vous, religieux et journalistes, hommes bavards et sans expérience, à qui rien n'a manqué, et qui ne connaissez du peuple français que les fortunés et les oisifs. Vous pouvez avec eux discourir tout à votre aise ; mais ce n'est pas vous qui nous guérirez de nos souffrances.

Si le radicalisme nous étreint, avant que nous, petits curés, pasteurs inconnus dans ces vastes diocèses de France, nous ayons achevé notre œuvre de concorde et de régénération, ç'en est fait absolument. Nous voyons revenir l'époque de la violence, de l'intimidation et de la mise hors la loi. Les passions des partis avancés se rallumeront. Ce sera la vengeance, ce sera le vol, ce sera l'incendie, ce sera l'assassinat, ce sera le cynisme. En vérité, vous êtes fous, si dans ce cataclysme vous espérez trouver la revanche du bien moral. Vous comptez sur un miracle; mais quels droits avez-vous donc à tenter Dieu pour souhaiter le renversement définitif de la paix publique ? Pierre Curé ne possède pas tant de philosophie. Il lui semble que dans ce mot paysan : *Tant qu'il y a vie, il y a espoir,* se cache une grande vérité pratique. La France est malade, elle agonise; mais il n'oserait jamais penser que le meilleur moyen de la sauver soit de la tuer.

Il ne nous reste donc qu'à nous liguer contre le radicalisme avec tous ceux qui l'ont pour ennemi. Si nous unissons nos forces sans hésitations, sans arrière-pensées, nous pouvons triompher de la bête. Les esprits les plus timides reprendront courage et compteront sur le succès. Marchons ensemble au combat, soutenons-nous, et la France vivra.

Qu'est cela : la France vivra ? Elle n'aura pas perdu ses écoles ni ses instituteurs chrétiens, son droit d'association et de liberté religieuses, ses temples, ses chapelles, ses croix, ses habitudes catholiques, ses cimetières bénis et ses prétoires consacrés par la présence d'un crucifix. Elle aura conservé son ambassadeur au Vatican, et ses prêtres auront leur budget national.

Ah ! ces religieux qui poussent si gaiement à la rupture sont de piètres cœurs ! Ils n'ont jamais compris le budget du prêtre séculier : ils s'en moquent. Ils

affectent de lui rappeler sa vocation à toutes les priva-
tions et au martyre ; mais le clergé la connaissait avant
qu'ils vinssent au monde, et, Dieu merci, il s'y est
toujours montré fidèle.

Seulement, il ne s'agit plus de mourir aujourd'hui,
mais de vivre pour enseigner, prêcher, convertir, pour
garder la foi au cœur de la vieille France. Et d'où sor-
tirons-nous le morceau de pain nécessaire à notre subsistance ? De notre peuple ? Notre peuple sera divisé en
deux camps : nos ennemis vainqueurs dont il faudra
pâtir la colère, et nos amis dépouillés de tout par le
vol ou par d'injustes et écrasants impôts. Des nobles
fidèles signalés pour leur richesse et leur générosité ?
Ah ! oui, seulement il nous faudra faire alors, comme
nous faisons aujourd'hui et depuis longtemps, passer
après les religieux de tous ordres, et demander ce
qui restera de gouttes d'eau au fond des plus belles
sources taries.

Le pays vivra donc à la condition d'une alliance
franche avec tous les anti-révolutionnaires. Mais pou-
vons-nous la contracter ? Et qu'y a-t-il de si déshono-
rant ? Lorsque deux armées étrangères se battent
ensemble pour une même cause, souillent-elles leur
drapeau, et perdent-elles rien de leur nationalité ? Et
nous, amoindririons-nous en quelque chose notre symbole parce que nous nous unirions avec des hérétiques
sur un terrain qui nous est commun ?

Bien plus, il semble à Pierre Curé que cette alliance
soit obligatoire, qu'elle soit un devoir : la religion et le
patriotisme, avant tout autre intérêt, la commandent.
Il arrive un moment où le péril est trop grave pour
songer à examiner si la main qu'on tend pour vous

sauver est noire ou blanche, Léon XIII l'a parfaitement
compris lorsqu'il a levé le veto pontifical qui tenait les
catholiques éloignés des scrutins. Jusqu'ici le danger
d'une ruine générale n'était pas imminent, et cette
abstention pouvait paraître une protestation d'une
grande dignité. Maintenant l'audace des ennemis ne
connaît plus de bornes ; ils revendiquent un droit là où
ils se contentaient de ne voir qu'un succès d'habileté.
Holà ! que la ligne se forme, et que des urnes popu-
laires sortent les noms des principaux adversaires de la
Révolution.

Néanmoins ces idées n'obtiennent pas l'approbation
des gens austères, dont la critique est toute l'occupation
dans le silence de leur cellule ou de leur cabinet. Ils
voudraient l'union, mais avec la réserve de ne rien
accorder aux alliés, rien, pas la moindre tolérance.
Cela s'appelle de l'intransigeance, ou l'intransigeance
n'existe pas. A nous tout le profit de votre concours ;
à vous d'avance une condamnation formellement exprimée.

Ainsi un protestant, un catholique libéral et un
catholique pur concluent une alliance pour ruiner une
candidature radicale dont le succès paraît certain. S'ils
conviennent qu'on se taira sur toute matière confes-
sionnelle, qu'il ne sera jamais question de ce qui
pourrait les diviser, qu'on choisira un terrain commun,
comme le maintien d'un concordat, la revendication
de la liberté d'enseignement, et qu'on n'aura point
mandat de s'expliquer au-delà, ce pacte est une for-
faiture à sa conscience, quelque chose d'assez ressem-
blant à une apostasie, en ce qui concerne le catholique
pur.

Celui-ci doit commencer par invectiver ses alliés, par leur déclarer qu'il n'accepte de combiner avec eux qu'une action *fortuite* et *passagère*, qu'il daigne se ranger à leur côté, malgré la *radicale* et *essentielle opposition des principes* et *des appréciations*, protester qu'*ils s'unissent à lui*, mais qu'*il ne s'unit réellement pas à eux*, qu'*il garde son drapeau séparé*, qu'il exige qu'on *le voie* et qu'on le *tienne pour l'unique drapeau;* qu'*il accepte leur concours dans ses légitimes revendications*, mais qu'*il leur refuse le sien en tout ce qu'il n'agréera pas*. Toutes ces restrictions bien comprises, dans tel collège électoral où ils sont en majorité relative, les catholiques *purs* peuvent s'unir les dissidents pour amener le triomphe de leur candidat; mais dans tel autre, où seul un libéral pourra espérer de vaincre, il y a urgence de le contraindre à accepter le programme des *purs,* sinon toute alliance est et doit être rompue.

Eh! bien, que ces règles soient mises en pratique en France, demain aux élections législatives, et pas un catholique ne retournera au Parlement, pas un conservateur, de quelque trempe qu'il soit, ne réussira à grouper sur son nom une quantité suffisante de suffrages. Et le radicalisme, sans beaucoup d'efforts, aura enfin conquis le pays.

Si c'est un bien, ce résultat, que des imbéciles le soutiennent; Pierre Curé affirme que c'est un très grand mal. Malheur à nous, si dans la lutte prochaine les *conservateurs* républicains ou monarchistes, libéraux ou catholiques, se divisent, sous le fallacieux prétexte qu'il faut sauver des principes qui ne courent aucun risque. Tant qu'il n'est pas question d'abdiquer sa foi ou d'en rougir, l'union est un devoir. Qu'on se batte, qu'on se débarrasse de l'hydre socialiste et qu'on discute après.

* *
* *

Avons-nous en France des *libéraux* absolus et des libéraux modérés? Certainement, et en grand nombre.

Dans son raisonnement, Pierre Curé ne distingue pas entre radicaux et mitigés. Les seconds iront aux premiers dès demain, si on fait mine de les y contraindre; ils verront au contraire ces radicaux accourir à eux aujourd'hui même, si l'intérêt le leur commande. A l'origine, lorsque des cerveaux isolés élaboraient au hasard les propositions libérales, on pouvait les classer par rang d'audace ou de folie. Maintenant ce n'est plus qu'une question de teinte, laquelle dépend exclusivement des jours sombres et des jours clairs.

Pierre Curé ne se fait point d'illusion ni sur les tendances, ni sur les machinations de ce libéralisme, qu'il considère comme l'unique mal. Et ce ne sont pas les radicaux qu'il estime les plus dangereux, mais les modérés, parce qu'ils rêvent une conciliation impossible, parce que, plutôt, ils ne la rêvent pas, la sachant impossible, mais la professent par inclination, par parti-pris ou par intérêt. Il lutte contre les uns et les autres de toutes ses forces, avec toute l'ardeur de sa foi. Seulement il emploie des moyens opposés à ceux que l'on préconise, parce qu'il lui semble que ce qui est bon pour empêcher le libéralisme d'entrer définitivement en

Espagne ne l'est pas pour le contraindre à sortir de France.

Ceux qui tendent directement à conquérir l'indépendance absolue de la société, comme du gouvernement, comme de l'individu, ceux qui veulent la *sécularisation* de toutes les œuvres sociales et de tous les actes de la vie publique, ceux qui, par conséquent, font la guerre systématique au catholicisme sont un grand parti. Parmi eux il y a des nuances, voilà tout, et cela est déjà dit ; mais il faut entendre par là que les uns prétendent arriver avec le temps et les *moyens légaux,* et que les autres ne songent à aucun ménagement : C'est précisément contre cette meute d'emportés et contre cette troupe de rusés que nous veillons nuit et jour, nous les humbles prêtres, les dédaignés, à défendre le patrimoine des idées saines et les droits imprescriptibles de Dieu.

Evidemment, ils sont hérétiques ; la plupart sont apostats. Mais est-ce contre eux que vous écrivez, zélés canonistes ? Vous auriez pris une peine inutile. Car il est inutile d'insister aujourd'hui sur le danger d'une doctrine qui inspire l'épouvante à tout homme sensé. C'est bien, sans doute, de ne pas ignorer que l'Eglise répudie au nom de la révélation toutes ces élucubrations folles de l'esprit ; mais cette connaissance est précédée de la réprobation toute naturelle des consciences. D'ailleurs, ces anathèmes sont sus par cœur, et nul catholique n'est près de les oublier.

Et qu'appelez-vous *libéraux,* ces adversaires de la foi catholique ? N'est-ce pas encore lui faire un honneur bien immérité que d'appeler libéralisme, c'est-à-dire excès de liberté, cette dictature tyrannique des

passions les plus basses, cette tentative d'asservisse-
ment des esprits et des cœurs au joug de la force, de la
folie ou de l'intérêt? Ils avaient été une première fois
cloués au pilori sous divers noms plus significatifs ; ils
sont naturalistes, matérialistes, rationalistes, socialistes, communalistes. Déjà la philosophie les a condamnés
et flétris : pensez-vous qu'on ait peine d'admettre que
la théologie les réprouve?

Vous dites que le libéralisme est un fruit du naturalisme : ne vous trompez-vous pas? Ne commettez-vous
pas une erreur d'optique en affirmant qu'il existe quelque chose de distinct en dehors du naturalisme, quelque
chose de réel, d'individuel? Quel est le libéral, au sens
que vous établissez maintenant, qui ne sera que libéral? Et s'il est socialiste, matérialiste, rationaliste,
qu'ajoutez-vous d'essentiel en ajoutant qu'il est libéral ?
Quand on a dit d'un homme qu'il est aveugle, que dit-
on de plus en insistant sur la laideur de ses prunelles?

Si donc vous écrivez une brochure, et si vous la diri-
gez contre ceux dont nous parlons, qui espérez-vous
instruire ou convaincre aujourd'hui? Les radicaux,
libres-penseurs, philosophes et politiques, sous quelque
nom et sous quelque nuance qu'on les désigne, savent
fort bien qu'on les a jugés et exécutés maintes fois à
Rome; qu'ils sont hors de l'Eglise catholique, et que
les membres de cette Eglise les considèrent comme un
danger permanent pour la religion et pour le pays. Un
livre de plus leur fournira peut-être l'occasion de vomir
une plaisanterie ou un blasphème de plus. Il pourra
raviver la haine de quelques-uns et les rejeter un peu
plus en arrière dans la nuit de leur erreur. Mais il ne
leur sera utile en rien.

Quant aux fidèles, faut-il le répéter, ils n'avaient pas attendu l'officielle sentence des Souverains Pontifes pour repousser de leur intimité des hommes mauvais, et s'abstenir de pratiquer des doctrines subversives. Lorsque Pie IX jugea à propos de s'expliquer en termes si formels, les catholiques se réjouirent non point d'apprendre qu'ils possédaient seuls la véritable sagesse, ce qu'ils ont toujours cru, mais de contempler une fois de plus le bras de Dieu appesanti sur la tête de Satan. A ceux-là votre brochure rappellera le Syllabus; mais elle ne le complètera ni ne l'expliquera ; surtout elle ne le remplacera pas. Et le Syllabus suffit à quiconque désire se conformer aux décisions romaines.

Donc manifestement, car vous avez trop le sens pratique, vous n'écrivez pas contre ce libéralisme.

*   *
*

Il existe encore une troisième variété de libéralisme ; c'est ce qu'on appelle assez souvent le *catholicisme libéral*. Quel est ce genre de catholicisme ? Comment le définit-on ?

En résumant le Syllabus et les livres de polémiques les plus solides, les lettres pastorales de plusieurs Evêques, les allocutions, brefs, encycliques des Papes, on arrive invariablement à cette dernière expression : Le catholique libéral est un catholique de libre examen.

Alors c'est un protestant, ni plus ni moins, et un des pires ; car si le protestant d'aujourd'hui discute tout

son symbole, il ne discute que l'erreur, tandis que le
catholique libéral discute chaque jour la vérité, la soumet à la rigueur de son jugement, et se prononce pour
ou contre elle, déterminé par sa propre sentence. Il n'a
pas une foi, mais seulement des convictions.

En thèse générale, le catholique libéral est l'homme
des circonstances. Le criterium de sa *foi pratique* est
toujours ceci : elle est ou n'est pas opportune. Selon
lui, la vérité n'est point nécessaire, puisqu'à certains
moments et, en raison de certains évènements, l'erreur
vaut mieux qu'elle : c'est là un principe admis d'avance,
une sorte de *postulatum*. Il est donc un éclectique en
morale, c'est-à-dire un sceptique.

Le catholique libéral s'occupe très peu de l'homme
privé, qu'il oblige de pratiquer la loi morale dans toute
sa rigueur et dans toute son étendue. Rarement il
l'autorise à faire passer l'intérêt avant le devoir, la faiblesse avant la vertu. Et s'il lui permet une exception,
ce n'est encore qu'en tant qu'il se rattache au grand
corps social.

De celui-ci, il est au contraire beaucoup trop question. On peut affirmer que tout le symbole du catholique libéral, en tant que libéral, est contenu dans ces
deux chapitres : *De la morale des États en matière
administrative ; De la morale des États dans leurs rapports avec l'Église*. Toute l'erreur gît alors dans cette
double profession de foi : l'État, comme État, est nécessairement sans religion ; l'Église et l'État n'ont et ne
doivent avoir rien de commun ; pas de religion d'État,
l'Église libre dans l'État libre. Et cela, car il est bon
d'insister, n'est point un système de tolérance, mais
une idée générale, une doctrine aussi raisonnable et

aussi inébranlable que le dogme de l'existence de Dieu. Voilà en quoi consiste le catholique libéral.

Ce n'est pas toujours ainsi qu'on l'a compris. Au courant de la plume, les polémistes ont infligé ce nom à tous les adversaires de l'ultramontanisme. On comprenait également sous cette dénomination ceux qui mécontentait la suprématie exclusive dans l'Eglise de quelques religieux, les hommes de paix qui poussaient à certaines heures l'Eglise à faire des concessions à l'Etat, afin d'en retirer un plus grand bien, les opposants à la définition de l'infaillibilité pontificale, et beaucoup d'autres. Il est cependant de toute évidence que l'on n'était hérétique dans aucun de ces cas et, par suite, la dénomination de catholique libéral était injustifiée.

Si donc le libéralisme est chose nettement définie et condamnée, il n'y a que ceux qui professent cette doctrine qu'on puisse affubler du nom de *libéral.*

On entend dire de toutes parts : le libéralisme est condamné; la plus éclatante réprobation en est contenue dans le Syllabus. Et c'est à qui, dans les discussions théologiques où l'on ne s'entend jamais, pourra jeter le premier l'anathème à la face de son adversaire. « Vous parlez de liberté à tout propos; vous doutez de la pureté de nos intentions; vous blâmez nos sévérités; prenez garde, vous êtes *libéral.* » C'est-à-dire qu'en pratique vous êtes porté à plus d'indulgence. Or, vous êtes catholique; cela est non moins clair. En deux secondes vous voilà *catholique-libéral.* Il n'a pas fallu de plus grands efforts pour joindre ces deux mots. Seulement, ces deux mots joints ainsi n'ont plus la même signification.

Au reste, ne nous en tenons pas à des indications entre parenthèses; ouvrons le Syllabus. Voici toutes les propositions qui, de près ou de loin, se rattachent au libéralisme :

« PROP. XV. — Chaque homme est libre d'embrasser et de professer la religion reconnue vraie d'après la lumière de la raison.

« PROP. XVI. — Les hommes peuvent trouver le chemin du salut éternel et obtenir ce même salut dans n'importe quelle religion.

« PROP. XX. — La puissance ecclésiastique ne doit pas exercer son autorité sans la permission et l'assentiment du pouvoir civil.

« PROP. XXVI. — L'Eglise n'a pas le droit naturel et légitime de posséder.

« PROP. XXVIII. — Il n'est pas permis aux Evêques de publier même les Lettres apostoliques sans la permission du Gouvernement.

« PROP. XXXVIII. — Trop d'actes arbitraires des Pontifes romains ont poussé à la division de l'Eglise en orientale et occidentale.

« PROP. XL. — La doctrine de l'Eglise catholique est opposée au bien et aux intérêts de la société humaine.

« PROP. XLV. — Toute la direction des écoles publiques dans lesquelles la jeunesse d'un Etat chrétien est élevée, si l'on en excepte dans une certaine mesure les séminaires épicopaux, peut et doit être attribuée à l'autorité civile, et cela de telle manière qu'il ne soit reconnu à aucune autre autorité le droit de s'immiscer dans la discipline des écoles, dans le régime des études, dans la collation des grades, dans le choix ou l'approbation des maîtres.

« PROP. XLVIII. — Des catholiques peuvent approuver un système d'éducation en dehors de la foi catholique et de l'autorité de l'Eglise, et qui n'ait pour but, ou du moins pour but principal que la connaissance des choses purement naturelles et la vie sociale sur cette terre.

« PROP. XLVI. — Les lois de la morale n'ont pas besoin de la sanction divine, et il n'est pas nécessaire que les lois humaines se conforment au droit naturel ou reçoivent de Dieu le pouvoir d'obliger.

« PROP. LX. — L'autorité n'est pas autre chose que la somme du nombre et des forces matérielles.

« Prop. LXXIII. — Par la force du contrat purement civil, un vrai mariage peut exister entre chrétiens ; il est faux ou que le contrat de mariage entre chrétiens soit toujours un sacrement, ou que ce contrat soit nul en dehors du sacrement.

« Prop. LXXVII. — A notre époque, il n'est plus utile que la religion catholique soit considérée comme l'unique religion de l'Etat, à l'exclusion de tous les autres cultes.

« Prop. LXXVIII. — C'est donc une chose louable que la loi, dans quelques pays catholiques, ait pourvu à ce que les étrangers qui s'y rendent puissent exercer publiquement leurs cultes particuliers.

« Prop. LXXIX. — Il est faux que la liberté civile de tous les cultes, et que le plein pouvoir laissé à tous de manifester ouvertement et publiquement toutes leurs pensées et leurs opinions corrompent les mœurs et l'esprit des peuples plus facilement et propagent la peste de l'*Indifférentisme*.

« Prop. LXXX. — Le Pontife romain peut et doit se réconcilier avec le progrès, le libéralisme et la civilisation moderne. »

Parmi ces propositions, que l'on convient de regarder comme exclusives au libéralisme, quelles sont celles qui sont la propriété particulière du catholicisme libéral ? Ce serait très probablement difficile à déterminer. Mais ce qui est bien certain, c'est que tout le catholicisme libéral est contenu dans ces limites : il n'est que là ; et que la triple nuance imaginée d'*exaltés*, de *mitigés*, d'*entachés*, n'est qu'une distinction de raison : dans le fond, la doctrine des uns ne diffère pas sensiblement de la doctrine des autres.

Est-ce donc contre les partisans des propositions condamnées par le Syllabus que vous avez écrit une brochure? Est-ce pour leur déclarer à la face de l'univers qu'ils sont hérétiques? Car il n'y a pas moyen d'éluder une réponse; après ces catholiques libéraux ci-dessus définis, le libéralisme n'existe pas. Eh bien ! réjouissez-vous ; pas une voix ne protestera contre

votre livre. Cela que vous dites condamné, en nous ren-
voyant au Syllabus, est en effet bien condamné, est
tenu pour tel comme un article de foi. Mais où sont ces
catholiques libéraux qui doivent subir l'affront mérité
de notre réprobation unanime? Ils se sont fondus.
Tous sont passés ou aux radicaux ou aux modérés.

Alors vous avez tiré un coup d'épée dans l'eau?
Non, certes ; vous l'avez tiré au contraire dans la poi-
trine d'hommes bien vivants, seulement vous avez feint
de les prendre pour d'autres. Vous n'avez voulu voir
qu'eux, et vous les avez désignés clairement. « L'Eglise
libre dans l'Etat libre, formule à la propagation de laquelle, en France, plusieurs catholiques célèbres, et
parmi eux un illustre Evêque, s'obligèrent par ser-
ment. »

Ici l'on vous arrête; vous devez des explications,
sous peine d'être de mauvaise foi. Croyez-vous que ces,
catholiques célèbres et cet *illustre évêque* avaient
adopté la formule dans le sens de M. de Cavour?
Croyez-vous qu'ils défendaient le principe de la séparation de l'Eglise et de l'Etat comme un bien universel, comme la condition meilleure et voulue par Dieu,
reconnaissant ainsi deux pouvoirs légitimes malgré
leurs tendances contraires, et absolument indépendants
l'un de l'autre? Vous savez que non. Vous savez que les
uns et les autres travaillaient à l'affranchissement de
l'Eglise, estimant qu'en la réclamant libre dans l'Etat
libre, c'était le minimum de ses libertés qu'ils récla-
maient. Ils n'étaient pas plus libéraux que vous : ils
voulaient la liberté et convenaient qu'en retour l'Eglise
livrerait momentanément l'Etat à lui-même. Mais c'est
votre façon d'écrire l'histoire.

Voilà un exemple de vos catholiques-libéraux, de ceux dont vous voulez inspirer la défiance aux fidèles, et que vous voulez leur faire tenir pour condamnés. Ils écrivaient alors qu'ils respectaient profondément les convictions d'autrui, parce qu'ils croyaient à la possibilité de la bonne foi : Vite, qu'on ouvre le Syllabus, et l'on y verra que ce sont tous des *libéraux,* puisqu'ils proclament *l'indifférence* en matière de religion.

En vérité, de qui vous moquez-vous? A qui ferez-vous croire qu'un évêque *illustre,* qu'un grand nombre d'évêques et de prêtres, que les plus beaux génies catholiques ont enseigné ou enseignent comme un dogme l'indifférence religieuse, la dépendance de l'Eglise, son incapacité radicale à la possession et à l'administration de quelques biens, l'obligation pour ses pontifes de soumettre leurs écrits au jugement du pouvoir civil? A qui persuaderez-vous qu'ils ont approuvé l'école sans Dieu, le bannissement du prêtre dans l'enseignement et du Crucifix dans les salles d'étude, qu'ils ont reconnu le péril de la doctrine catholique, l'inutilité de la sanction divine dans les lois morales, qu'ils ont prêché le droit du plus fort et le suffrage universel comme l'unique source de l'autorité, qu'ils ont divisé dans le mariage le contrat du sacrement et consenti au mariage purement civil parmi les chrétiens, qu'ils ont jamais nié les dangers de la liberté de la presse, et qu'ils ont invité le chef de l'Eglise à se réconcilier avec le progrès et la civilisation, dans le sens anti-catholique et par lui condamné? Et vous les appelez *catholiques-libéraux?* Mais il vous est bien plus logique et tout aussi permis de les appeler non-catholiques et apostats. S'ils le sont réellement, dénoncez leurs écrits, dévoilez leur personne, déposez-les et retranchez-les du sein de l'Eglise. C'est votre devoir. Et s'ils ne le sont pas, si vous n'avez que des soupçons sur leur libéralisme, qu'il vous est impossible d'éclairer avec leurs livres et leurs discours, cessez cette mesquine tactique de diffamation sournoise et de condamnation par à peu près. Laissez-nous tranquilles avec vos distinctions et vos nuances, vos intégrités et vos alliages.

Vous tenez beaucoup à ce que l'on regarde comme certain que la prévarication est possible chez les ministres de l'Evangile : cela, une fois admis, donnera plus de crédit à vos insinuations. Il pourra sans doute se trouver des prêtres, des évêques même libéraux. Mais ce mal existera comme existe tout péché contre la foi, à titre individuel, et non à titre de secte ou de parti. Dès lors, il n'est pas besoin de construire une brochure pour rappeler qu'il y a eu de siècle en siècle, dans l'Eglise catholique, un Judas, un Novatien, un Tertullien, un Arius, un Pélage, un Wiclef, un Luther, un Jansénius, à moins qu'elle ne fût nécessaire pour attester que le fait d'avoir sollicité l'expulsion locale de la Compagnie de Jésus est une preuve authentique et suffisante d'hérésie.

Parmi ces évêques et ces prêtres que vous soupçonnez de libéralisme, au moment où, suivant un mot de Jules Ferry, l'expression la plus douce du libéralisme catholique était de se rapprocher de l'esprit du véritable Concordat, à ce moment où la Révolution recommençait les hostilités, en avez-vous rencontré un seul qui ait demandé ou seulement approuvé la suppression du traitement des cardinaux et des évêques, des chapitres, des aumôneries militaires, des bourses des séminaires ? En avez-vous découvert un seul qui ait applaudi à l'injuste laïcisation des écoles et des hôpitaux ? N'ont-ils pas tous protesté au contraire ? Ils ont moins haut et moins unanimement parlé à l'époque des décrets ; mais pour cause... Que venez-vous donc nous dire à demi-mot, avec tant de mystère, qu'il existe un mal secret et que vous voulez le prévenir ?

Une page de Lamennais :

« Étouffé sous la pesante protection des gouvernements, devenue l'instrument de leur politique et le jouet de leurs caprices, elle périssait si Dieu lui-même, dans les secrets conseils de la Providence qui veille sans cesse sur la seule société qui ne finira jamais, n'avait préparé son affranchissement ; et le devoir des catholiques est aujourd'hui de coopérer de toute leur puissance à cette œuvre de salut et de régénération. Car, enfin, qu'ont-ils à désirer sinon la jouissance effective et pleine de toutes les libertés qu'on ne peut légitimement ravir à aucun homme, la liberté religieuse, la liberté d'éducation, et, dans l'ordre civil et politique, celles d'où dépendent la sûreté des personnes et des propriétés, avec la liberté de la presse, qui, ne l'oublions pas, est la plus forte garantie de toutes les autres. Souhaiter autre chose, c'est souhaiter l'oppression de l'Église et la ruine de la foi. Voilà ce que tous doivent vouloir, parce que c'est le premier intérêt de tous ; voilà la base sur laquelle les hommes sincèrement attachés à l'ordre peuvent et doivent s'unir de bonne foi et sans ombre de réticence.

« Et qu'on ne s'effraie pas de ce qu'a de nouveau un pareil état : tout n'est-il pas nouveau, inouï, dans ce qui se passe depuis quarante ans ? Il y a des époques d'exception où l'on ne doit ni se conduire ni juger d'après les maximes et les règles ordinaires. Lorsque rien n'est fixé dans le monde, ni l'idée du droit et du pouvoir, ni l'idée de justice, ni l'idée même du vrai, on ne peut échapper à une effroyable succession de tyrannies que par un immense développement de la

liberté individuelle, qui devient la seule garantie possible de la sécurité de chacun, jusqu'à ce que les croyances sociales se soient raffer-
mies, et que les intelligences, dispersées pour ainsi dire dans les
espaces sans bornes, recommencent à graviter vers un centre
commun. »

« Saisissons-nous donc avec empressement de la portion de
liberté que les lois nous accordent, et usons en pour conquérir toute
celle qui nous est due, si on nous la refusait. Il ne s'agit pas de s'iso-
ler et de s'ensevelir lâchement, dans une indolence stupide. Catholiques, apprenons à réclamer, à défendre nos droits, qui sont les droits
de tous les Français, les droits de quiconque a résolu de ne ployer
sous aucun joug, de repousser toute servitude, à quelque titre qu'elle
se présente et de quel nom qu'on la déguise. On est libre quand on
veut l'être ; on est libre quand on sait s'unir, et combattre, et mourir
plutôt que de céder la moindre portion de ce qui seul donne du prix
à la vie humaine. Il y a des choses du temps, soumises à ses inévitables vicissitudes, il y a des choses éternelles ; ne les confondons pas.
Dans le grand naufrage du passé, tournons nos regards vers l'avenir,
car il sera pour nous tel que nous le ferons. Rallions-nous franchement, complètement, à tout pouvoir qui maintiendra l'ordre et se
légitimera par la justice et le respect des droits de tous. Nous ne lui
demandons aucun privilège, nous lui demanderons la liberté, lui
offrant notre force en échange. Mais qu'on le sache bien, si, dans
l'entraînement d'une passion aveugle, qui que ce soit osait tenter de
nous imposer des fers, nous avons juré de les briser sur sa tête. »

Dieu et liberté! Religion et liberté ! Il faut que les
hommes sincèrement religieux entrent sans peine dans
les doctrines de liberté. Il faut, par contre, que les amis
de la liberté acceptent sans défiance la religion catholique. Notre jeune libéralisme se borne, en matière de
religion, à réclamer la séparation de l'Eglise et de l'Etat,
nécessaire pour la liberté de l'Eglise et désirée par
tous les catholiques éclairés. Tels sont les cris de
guerre les plus familiers à Lamennais. Il entend affronter ainsi le fanatisme et l'erreur, les ordonnances
de 1828, la philosophie contemporaine, ennemie du
progrès futur autant que des gloires passées, la théo-

logie suspecte de l'antique Sorbonne, et la casuistique intolérante, encore timide et faisant ses débuts. Il défie également et le gallican Charles X, et le voltairien Louis-Philippe ; malgré les efforts tyranniques de l'un et les tendances impies de l'autre, il prophétise au catholicisme établi dans l'avenir entre ces deux excès, dans le juste milieu d'une autorité sagement tempérée par la liberté, le triomphe certain et définitif.

Pierre Curé ne connait pas, parmi les écrivains de cette école qui ont soutenu plus tard les mêmes idées, d'homme qui ait parlé d'une façon plus explicite. Cependant oserait-on affirmer qu'en sculptant ces pages immortelles Lamennais était un *libéral ?* Lui ? Il se dévouait tout entier au principe d'autorité en général, et en particulier à la suprématie de l'Eglise catholique, c'est incontestable ; et il avait pour adversaires les gallicans et les ultramontains, ceux qui étaient jaloux de leur propre autorité, et ceux qui ne jalousaient que son génie. Le pape a-t-il jamais trouvé son langage excessif, et l'a-t-il condamné ? C'est donc qu'en écrivant ces lignes, Lamennais trouvait dans son idée, dans sa conduite, dans sa piété même plus qu'il ne fallait pour empêcher toute interprétation libérale. Il a donc pu faire une profession de foi, la plus libérale en apparence qu'on connaisse, sans être un *libéral*.

Pourquoi voulez-vous alors que ces évêques et ces laïques, dont vous laissez entrevoir le nom sous vos allusions transparentes, soient de véritables libéraux, de vrais libéraux, lorsqu'ils en ont dit ou écrit beaucoup moins ? Pourquoi leur refusez-vous le privilège de la bonne foi, et ne cherchez-vous dans leurs manifestations que des menées de sectaires ?

Non, il ne suffit pas de répudier vos sentences morales et vos interprétations théologiques pour être convaincu d'hérésie. On peut être très loin de vous et demeurer néanmoins dans les limites de l'orthodoxie. La grande majorité du clergé de France et la presque unanimité des fidèles professent pour vous autant d'horreur que pour les ennemis de l'Eglise : ils vous considèrent en effet comme des ennemis dangereux. Ils vous soupçonnent même parfois de révolte contre la seule autorité indiscutable, qu'ils reconnaissent pour telle, contre le Pape. Et ils ne se croient pas, ils ne sont pas ce que vous appelez des *libéraux*. Cessez de prétendre au monopole de l'invariabilité dans la foi, et n'essayez plus d'accaparer l'universel enseignement. Nous avons le devoir de nous méfier de vous qui écrivez et agissez d'une manière contradictoire ; avant peu vous nous auriez perdus. Nous ne voulons qu'un Pape et qu'une Eglise ; nous ne voulons que des évêques soumis au Pape. Mais ce que nous ne voulons plus, ce sont les *souffleurs* dans ce théâtre universel où vous contraignez souvent de hauts personnages à jouer la comédie ridicule du quiproquo.

⁎

Pierre Curé tient à faire sa preuve : il n'est point un *libéral*, et cependant il n'a rien de commun avec un *intransigeant*. Il n'est point un *modéré*, car on sous-entendrait immédiatement *libéral*, mais il est modéré dans les exigences de sa foi vis-à-vis de ceux qui ne la professent point. Il s'estime catholique très pur, ou plutôt simplement catholique, tandis qu'il pense tout bas que les propagateurs de la brochure en imposent en s'appelant ainsi ; car ils sont réellement *intransigeants*, et ce mot a sa signification. Ils condamnent sa modération, et lui, au contraire, s'en pare avec fierté : bien plus, il la croit une vertu. Et voilà la grande, la très grande différence qui existe entre eux et lui.

Quel est le libéralisme de Pierre Curé, ou mieux, que comprend son catholicisme qui puisse ressembler, pour les yeux de certains, au libéralisme ? Un ensemble d'idées et un ensemble de faits : l'idée porte le nom de tolérance, et le fait celui de concession.

Quelqu'un écrivait dans une revue : « Les complices du libéralisme s'appellent légion. Une femme qui élève mal ses fils ou ses filles, plutôt par négligence que par mauvaise volonté, complice du libéralisme. Un homme du monde qui laisse traîner dans son salon un journal boulevardier où abondent les grivoiseries, complice du libéralisme. Un homme qui se lance de gaieté de cœur dans l'agiotage de la bourse, complice du libéralisme. Un homme qui négocie sans répugnance le mariage de ses enfants avec des jeunes gens protestants, complice du libéralisme. Un homme qui, par politesse, assiste au convoi d'un suicidé ou d'un homme mort en duel, duquel le clergé est absent, complice du libéralisme. »

A la bonne heure ! Si c'est de ce libéralisme que vous voulez parler, nous nous entendrons à merveille. Ensemble nous conviendrons que cette mère volage, ce père grivois, ce spéculateur téméraire, ce négociateur à tout propos de mariages mixtes, ce badaud solennel

qui se croit indispensable à tous les convois, sont
aveugles; qu'ils se trouvent en état de péché, qu'ils
manquent directement à l'un des articles du Décalogue.
Mais nous n'en ferons pas des hérétiques, à plus forte
raison une classe spéciale d'hérétiques. Cette complicité avec le rationalisme et le matérialisme, qui exis-
taient avant le libéralisme, est le cas de tous les péchés
répétés, de toutes les mauvaises habitudes morales. Les
amis de ces pauvres insensés qui useront de trop
d'indulgence dans leurs relations, leurs conseillers et
leurs confesseurs qui ne se montreront pas assez sévères
dans leurs avis, ne seront point des libéraux pour cela.
En supposant même que ceux-ci s'oublieraient
jusqu'à autoriser inconsciemment ces faiblesses, nous
n'aurions pas plus de raison de voir en eux *des libéraux* dans le sens odieux du mot.

Il est bien évident que le catholicisme n'a rien à
gagner, mais tout à perdre, dans ce mélange incessant
des fidèles et des ennemis de la religion. Il faut s'unir
pour le vote, pour le commerce, pour une entreprise;
là n'est pas le danger. Mais est-il nécessaire qu'à la
tête de toutes les œuvres de charité, auxquelles les catholiques suffiraient bien, on trouve mêlés des hérétiques
et des Juifs? A quoi servent les alliances mixtes? Ne
pourrait-on pas supprimer cette triste habitude, glis-
sée dans nos mœurs, de ne faire la charité qu'en dan-
sant? Ces louis d'or qu'on empile à la fin d'une soirée,
d'un spectacle, d'une vente amusante, sont-ils réellement donnés? Il y en a qui représentent à peine le
centième des dépenses folles auxquelles on a consenti
pour s'amuser avant tout. Il y en a qui ont été achetés
par des complaisances coupables. On citait, il y a quel-

ques années, une jeune fille du plus haut monde, dont
la collecte fut très abondante, parce que, marchande de
fleurs, elle avait imaginé de se laisser cueillir une ma-
gnifique rose tantôt dans les cheveux et tantôt sur le
sein. Une autre roulait des cigarettes, et l'on payait fort
cher la faveur d'en obtenir une travaillée par ses mignons
doigts. Que nos Juifs à la mode ouvrent leurs salons
princiers : le premier nom que proclame le suisse, en
ouvrant les portes avec fracas appartient à la haute
société catholique. Et ce sont les mains d'une duchesse,
connue pour sa dévotion et sa charité, qui applaudis-
sent les premières aux sots travestissements du sacrement de la confession essayés sur une scène juive. Tout
cela, est-ce du libéralisme ? Oui, au sens large du mot ;
non, au sens strict, tel que l'entendent les moralistes
de l'intransigeance, lorsqu'ils en appellent aux sentences pontificales. C'est la conviction de Pierre Curé.

N'est-ce pas également la conviction de nos prophètes
eux-mêmes ? Est-il besoin de désigner par leur nom les
religieux qui ont le monopole des consciences aristo-
cratiques ? Ne sont-ils pas les mêmes qui se voilent la
face devant les complaisances du clergé paroissial, qui
courent le monde en dénonçant des turpitudes, et qui
remplissent les chaires de leurs cris de scandale ?

Or, ils feignent d'ignorer une chose : c'est que s'ils ne
faisaient pas volontairement, et parfois à l'aide de procédés honteux, un Etat dans l'Etat, c'est-à-dire une
Eglise dans l'Eglise, avec des lois et des tribunaux à
part, tout ce faux catholicisme n'existerait pas ; c'est
que, si ces consciences hautaines, insoumises à aucun
joug, nous échappent, nous le devons uniquement à ce
que *chez ces bons Pères* elles trouvent plus de con-

descendance et plus de facilités pour accorder leurs
prétendus principes religieux avec leur conduite détestable.

A l'époque de Pâques, nous voyons *le monde* courir
en foule au couvent et, au matin du grand jour, il ne
reste plus trace ni des intrigues de l'année, ni des
coquetteries, ni des extravagances, ni des soirées dan-
santes, ni des soupers tardifs, ni de toutes les autres
abominations honnêtes qui enseignent le scandale,
même en plein Carême, au petit peuple que le curé de
la paroisse a de la peine à contenir dans les limites de
la morale chrétienne.

Pierre Curé blâme cette théologie de circonstance; il
la condamne, et de toutes ses forces il la maudit. C'est
elle, et elle seule, qu'il regarde comme la perdition du
catholicisme par ce double effet : la division du troupeau d'abord, qui n'a plus un seul pasteur, qui fuit le
pasteur légitime pour se livrer à un mercenaire ; ensuite cette partialité révoltante, dans le traitement des
mêmes maladies morales et dans la correction des
mêmes excès, qui varient suivant que le médecin est
séculier ou régulier, suivant que la coupable est dame
du monde ou femme du peuple. Et s'il concevait,
en dehors de ce que Rome a condamné comme tel, un
autre libéralisme, ce sont ces hommes, ces faux frères,
qu'il appellerait libéraux, et rien qu'eux.

Revenons aux questions théoriques, aux idées particulières à Pierre Curé, dont quelques-unes sont en
opposition directe, *oppositum per diametra*, avec les
idées des anti-libéraux ou plutôt des intransigeants, car
lui-même se croit aussi anti-libéral que possible.

A propos de l'obéissance sacerdotale, il la regarde
comme généralement incomprise. Si l'expression de
l'Apôtre, *rationabile obsequium*, a un sens, cette
obéissance ne saurait s'entendre d'un aquiescement
systématique à tout ce qui émane de l'autorité, si ce
n'est de la seule autorité infaillible. On ne manque pas
à l'obéissance jurée en demandant la justice et la protection des supérieurs en faveur d'un droit, en protestant contre leurs erreurs volontaires ou involontaires, et
en exigeant que ces protestations, quelque fermes
qu'elles paraissent, pourvu qu'elles ne soient en rien
irrévérencieuses, leur parviennent. Ce n'est pas, d'après
lui, se mutiner que de laisser paraître en temps oppor-
tun et devant qui de droit un peu de susceptibilité et
d'impatience, lorsqu'il devient manifeste qu'au profit
d'intrigants ou d'étourdis, le supérieur circonvenu dé-
tourne loin du mérite le courant de la faveur et de la
sympathie.

« Les ordres religieux n'admettent pas facilement
qu'il y ait dans le clergé séculier des hommes de valeur.
Les Jésuites, moins que tout autre, se prêtent à cette
constatation et, pour les accabler, ils ont un art qui n'appartient qu'à eux (1). » C'est en effet la peinture exacte des
rapports d'estime qui existent entre les deux clergés,
régulier et séculier. Il y a tendance, de la part des évê-

(1) Fèvre, *Hist. de l'Egl.*, tome 10.

ques, à favoriser cette grossière erreur en tenant exclusivement à la disposition des réguliers leurs principales
chaires. Et pour peu que le mal empire, ils seront la
parole de Dieu, et nous serons le silence ; ce sera juste
l'inverse du plan divin de Jésus-Christ. Nous formerons
bientôt la très honorable corporation des muets.

Certainement nos évêques ne réfléchissent pas à l'injustice qu'ils commettent par cette prédilection. Ils
laissent dire que si l'on veut du talent, de la vertu, du
zèle apostolique, de la sève spirituelle, il faut nécessairement recourir aux religieux. Ils ne protestent pas.
Au contraire, ils en font la preuve. Et pourtant eux,
moins que tout autre, n'ignorent pas que c'est une
erreur. Ce sont eux qui fournissent leurs propres sujets
aux monastères ; ont-ils jamais remarqué que ceux qui
les quittent sont toujours les meilleurs ? Il s'en va quelques-uns de bons, mais il en reste beaucoup aussi ; et
ce n'est pas mentir, ni même dévoiler un secret que
d'affirmer que la bure sert à cacher de nombreuses mé-
diocrités, qui n'ont d'autre mérite que celui de faire
nombre, ni d'autre gloire que celle de la corporation,
acquise par d'autres.

A leur tour, les médiocres ressortent bientôt, et, persuadés qu'ils sont grands, étant les fils d'un grand
saint, éloquents, étant les frères de quelque célébrité
de l'éloquence, devenus infaillibles, ils cherchent et
usurpent la haute direction des fidèles, renversent les
fondements établis de la morale dans les consciences,
recommencent l'éducation religieuse des peuples, et
détachent, malgré eux, quand ils ne le voudraient pas,
les fidèles de leur pasteur.

Seulement, ce qui n'est pas encore sera bientôt. Si

le clergé séculier est relégué, soit dans l'estime publique, soit dans l'estime des évêques, aux fonctions de manœuvres, instrumentant pour les seuls sacrements ; si l'on continue à éloigner de sa chaire les auditoires, et de ses confessionnaux les consciences, peu à peu, devant la constatation de sa réelle inutilité, il se résignera, il s'amoindrira, et deviendra un véritable *minus habens*, une sorte de pope russe ou de lama thibétain. Plus que jamais, pour être savant et vertueux, il faudra se faire moine.

Aujourd'hui, s'il plait à quelqu'un de s'en rendre compte, toutes les situations, toutes les directions sont livrées aux religieux qui ne les occupent point par charité, tant s'en faut. Ceux-ci par habileté, ceux-là par la force même des choses, tous enfin dévient de leur côté le canal des ressources chrétiennes. Les couvents sont pourvus ; les campagnes sont à sec. Et c'est à ce point de vue surtout que de bons, d'excellents prêtres, ont toujours regardé le voisinage d'un monastère comme un fléau. Bien entendu, il y a religieux et religieux.

N'êtes-vous pas frappés d'une chose pourtant bien apparente ? Nous subvenons, en France, à de grandes œuvres, à des œuvres coûteuses, qui exigent de l'héroïsme. Quelle est celle que soutiennent les maisons religieuses ? Quand avez-vous vu un de nos grands Ordres, celui-là en particulier réputé colossalement riche, se charger d'une œuvre ? Ce serait non-seulement facile, mais juste ; car c'est du sein commun des fidèles qu'ils ont retiré leur fortune : elle n'est point aux membres de l'Ordre, ni à l'Ordre lui-même. Tous mendiants, ils ne devraient pas songer à l'avenir. En tout cas, cet avenir une fois établi, dans des conditions modestes, tout le reste devrait retourner aux œuvres catholiques.

Il y a des populations pauvres et ignorantes ; elles ne seront jamais évangélisées, tant qu'elles n'auront pas fourni une somme convenable pour la mission. Il existe des orphelinats, des maisons de pénitence pour les hommes et pour les femmes ; toutes ces institutions sont à la charge des fidèles. Et s'il en est quelqu'une qui soit la succursale d'un couvent, d'une manière ou d'une autre, le fidèle sera encore obligé de la soutenir.

Après l'expulsion, les monastères ne se sont pas complètement fermés ; il est resté dans chacun un ou deux gardiens, à titre de propriétaires, auxquels on a reconnu le droit d'héberger les passants de leur Ordre. Insensiblement toutes les communautés se sont reconstituées, et bientôt leurs membres ont repris leur place un instant abandonnée dans la chaire et au confessionnal, accueillis partout avec un intérêt de plus, celui qui s'attache à toute victime de la persécution. A qui fera-t-on croire que pendant le court espace de temps durant lequel les religieux se sont cachés pour éviter les rigueurs de la loi, tel Ordre ne pouvait pas suffire à l'existence des quelques individus laissés dans les couvents ? Cependant, après en avoir disséminé tant qu'il a pu dans les maisons particulières où l'hospitalité s'exerce noblement, il a envoyé les autres, le panier à la main, quêter de porte en porte la nourriture du jour, et voler ainsi la portion du pauvre réel.

Dans la question des Universités catholiques, pourquoi les Ordres religieux n'ont-ils pas brigué l'honneur de les reconstituer à eux tout seuls, de les réorganiser comme au Moyen-Age, et de les soutenir à leurs frais ? Ç'eût été beau de leur part ; ainsi il eussent évité au clergé séculier d'étaler au public sa pauvreté absolue ou de se priver du nécessaire, et aux fidèles ils eussent épargné un sacrifice de plus. L'on dira peut-être que les Evèques n'auraient pas voulu de ces Universités indépendantes. Je l'ignore. D'ailleurs, elles auraient pu accepter le contrôle des Evèques, dont les religieux ne doivent jamais être que les auxiliaires désintéressés. Point du tout. Ils ont présenté des professeurs, car il est bon qu'ils soient partout ; mais ils ont, comme de juste, requis leur salaire. De temps en temps, çà et là, l'on entend dire qu'ils ont restauré un lieu de pèlerinage, construit une église, bâti des écoles ; mais l'Ordre n'y a pas dépensé un centime, presque toujours l'édifice nouveau est dû à la générosité excessive d'une personne pieuse, d'une cliente de cet Ordre.

Quel est l'Ordre religieux, en parlant toujours de nos grands Ordres, qui a pris à tâche de développer à ses frais l'œuvre des missions, chacun dans la contrée qui lui a été octroyée? L'œuvre sublime de la Propagation de la Foi n'a rien à économiser sur eux ; elle est leur débitrice. Et si elle ne suffit pas, ce qui est indubitable, il existe en France une multitude d'affiliations et de confréries instituées dans le but unique de ramasser des messes pour les Pères, de l'argent pour leurs écoles et pour leurs établissements, du linge pour leurs orphelins, jusqu'à de petits cadeaux pour leurs infidèles. Une grande rivalité existe parmi les tenants de l'un ou de l'autre Ordre ; c'est à qui usera de plus d'habileté, à qui enrôlera le plus d'adhérents, à qui encaissera les plus belles aumônes.

En vérité, l'on se demande pour qui, dans ces vastes

0

ruches où chaque abeille fait son rayon de miel, les religieux travaillent. L'on se demande si le Pape, si les Evêques, si les fidèles se rendent bien compte de cette organisation du budget monastique toujours croissant. Ils
bâtissent, dit-on. En effet ; mais dans quelle Constitution
trouvera-t-on que le moine a été fait moine pour bâtir ?

Dans un diocèse, le diocèse de Pierre Curé, l'Evêque,
à bout de ressources pour subvenir aux dépenses de
ses séminaires, crut devoir instituer l'œuvre des vocations sacerdotales. L'essai, pour des raisons différen-
tes, ne fut pas brillant : le vénérable directeur pleura
de douleur en face d'un résultat si peu consolant, et,
dans un excès d'amertume, il accusa les confrères d'un
manque de générosité. Il ne pensa pas à ce moment que
ses confrères n'ont pas toujours le pain quotidien à
satiété, et qu'ils soutiennent l'honneur des œuvres
nombreuses qui leur incombent en s'habituant à la
privation et à la faim. Mais ni lui, ni l'Evêque, ni personne ne songèrent à flétrir la parcimonie de ces maisons d'éducation religieuse qui s'étaient inscrites pour
vingt francs et qu'on dit millionnaires ! Nous nous
illusionnons nous-mêmes.

Certes, il faut beaucoup d'audace pour écrire cela ;
d'autres plus forts que Pierre Curé en ont porté la
peine. Lui-même pense bien qu'on ne manquera pas
de compter les mots révélateurs et de les lui payer
grassement en monnaie de religieux. En cela, il leur
fait amende honorable, les religieux n'ont jamais lésiné.
Appelez-le audacieux, téméraire, contempleur irréflé-
chi de choses et de personnes sacro-saintes, tant qu'il
vous plaira ; seulement ne dites pas qu'il est libéral.

Et tenez, puisque nous en sommes aux religieux,

Pierre Curé croit fermement que l'abondance des sujets monastiques n'est pas toujours, n'est pas, à notre époque surtout, la preuve de la fécondité de la grâce dans le catholicisme. La Providence tient en réserve des moyens impénétrables de vocation ; mais elle ne met pas ces miracles au service de qui que ce soit ni d'un si grand nombre. Or, il est notoire que le premier mécontent venu, le premier dégoûté venu, le premier ambitieux venu vont frapper à la porte du couvent. Il faut trop de courage, trop d'abnégation, trop de force morale pour mener la vie rude et pénible du curé de campagne, pour supporter ses amertumes et ses isolements ; il est préférable d'aller au couvent. Sans doute, ils ont *quelque vocation,* autrement on ne les recevrait pas. Mais aussi c'est chose si facile qu'une vocation religieuse, aujourd'hui que les religieux sont toujours dehors ! La règle austère n'a pas le temps de les saisir ; ils sont trop occupés à leurs discours, à leurs conférences, à leurs tiers-ordres, à leurs confréries. Pour la plupart, ils couchent sur la dure en principe, et en réalité dans le duvet. En principe, ils ne mangent que des légumes ; en réalité, des mets succulents. En principe, ils n'ont point le sou ; en réalité ils ont une bourse, et pleine d'or. Toujours en principe ils vivent cloîtrés, séparés du monde ; en réalité, ils vivent dans le monde, et parmi les plus jolies séductions. En principe, ils sont *les moindres,* ils passent après le clergé séculier, ils lui sont soumis ; en réalité, ils le méprisent, et ils le dominent non de toute la hauteur de leur talent, mais de toute la force de leur collectivité.

Nous ne sommes plus au temps où les religieux sont, vis-à-vis de nous, suivant l'expression du cardinal

Conrad, légat de Grégoire IX au synode de Cologne,
« des vicaires, portant gratuitement le fardeau des
curés. » Les ordres religieux sont utiles : Pierre Curé
n'en disconvient pas. Nul homme raisonnable, a dit
Jean de Polemar au concile de Bâle, n'éteint sa lampe
dans l'obscurité parce qu'il n'en trouve pas la lumière
assez belle. Il prend soin plutôt de la nettoyer. Soit ;
mais qu'on la nettoie. Que les religieux parlent moins,
sortent moins, écrivent moins, et prient davantage,
se soumettent davantage ; tel est le vœu de Pierre Curé,
qui n'est point celui d'un intransigeant, à coup sûr,
mais qui n'est pas non plus celui d'un *libéral*.

.˙.

Expulser un Ordre religieux uniquement pour le
motif de sa religion est une iniquité : le pouvoir qui
la commet est un pouvoir tyrannique. Aucun gouvernement n'a le droit d'introduire, à plus forte raison
d'imposer, même dans ses écoles, un livre d'enseignement contradictoire à la vérité, de quelque ordre que
ce soit. Dans l'un et l'autre cas il appartient à l'Evêque
de se plaindre au gouvernement de ses abus de pouvoir ; celui qui laisse dormir sa conscience est blâmable.

Il faut noter cependant ces trois conditions : le gouvernement n'a aucun motif sérieux, tiré de l'ordre administratif, de chasser une congrégation religieuse ; le
livre qu'il introduit ou qu'il impose est convaincu d'hérésie ; les Evêques gardent dans leurs réclamations le
respect qu'on doit toujours au pouvoir établi.

Quand un gouvernement prétend avoir à se plaindre des religieux, qui sont soumis à toutes les lois de leur pays, il doit au préalable s'entendre avec le Pape, seul chef autorisé des forces catholiques, et d'un commun accord régler le différend. En agissant autrement le gouvernement se permet une violation flagrante de la justice. Mais où est le gouvernement aujourd'hui qui comprend ainsi l'administration de la chose publique ?

Les religieux savent qu'ils vivent dans un pays de révolution, que leur situation est précaire, qu'ils ne sont point reconnus : que ne vivent-ils plus intérieurement ? Il n'est pas question de rouvrir pour eux les catacombes, mais de fermer leur bouche toujours imprudemment ouverte. Une persécution menace de sévir, une loi nouvelle, attentatoire aux droits du catholicisme, est projetée ; vite, ils prennent la plume et écrivent d'ardentes protestations ; ils montent en chaire, et prononcent de solennelles invectives, des imprécations, des menaces prophétiques. Ils devancent les Evêques, seuls juges du danger. On dirait que Dieu les a établis gardiens de la justice des gouvernements et de la foi des peuples. Presque toujours ils aigrissent les cœurs, ils creusent les abîmes et rendent toute entente impossible par leurs défis prématurés.

Naturellement ils sont haïs ; un jour ou l'autre ils seront frappés. Au moment de l'expulsion, ils rappellent leurs bienfaits et prophétisent encore que le catholicisme s'en va devant eux. Au seuil de la frontière, ils secouent sur le pays injuste la malédiction divine avec la poussière de leurs souliers. De là-bas nous arrivent des plaintes amères contre ceux qu'ils accusent de ne les avoir pas défendus et des paroles douces pour ceux qui ont manifesté en leur faveur. Ils parlent de leurs possessions légitimes confisquées et de leur titre de citoyen français méconnu.

Non, la mesure prise contre eux ne devient pas pour ce motif, ou pour cet autre, un acte de justice, mais il y a des agitations et des murmures qui la provoquent et la rendent moins odieuse. Les religieux feraient bien de veiller à ce que leur cause n'eût jamais à souffrir même de prétextes secondaires. Ils n'ont pas raison de vouloir que pour eux les prêtres et les fidèles entreprennent une révolte, risquent une persécution atroce et générale, parce que les religieux ne sont point essentiellement nécessaires à la vie du catholicisme, et parce qu'avec de la modération et de la patience ils espèrent aboutir à une plus grande tolérance à l'endroit de ces mêmes religieux.

On doit regretter beaucoup les pauvres magistrats démissionnaires à l'époque de l'exécution des décrets. Une telle conduite les honore ; elle fait l'admiration de leurs ennemis. Mais c'est de l'héroïsme auquel ils n'étaient point tenus ; la plupart même avaient de graves raisons de ne le point tenter. Il est sûr qu'à proprement parler ils n'ont reçu de mot d'ordre que de leur conscience. Ils ne regrettent pas leur acte, quelque misérable que soit la situation qu'il leur a value. Mais enfin cette générosité a été nuisible à eux et à nous. Elle nous a privés de magistrats intègres sur lesquels la justice pouvait compter. Elle nous a mérité, par l'éclat de sa démonstration, une épuration plus large et plus implacable. Aux démissionaires, du moins à beaucoup, elle a brisé la carrière, et, après tant de sacrifices, assuré pour leur famille quelque chose de pire que la misère. Et tout le mal s'est fait quand même, comme on l'avait projeté.

Un mot des Ordres religieux, et ces braves gens, esclaves de leur conscience, étaient sauvés. Laissez-moi toutes vos considérations mystiques à ce sujet, tirées de la délectation éprouvée dans le devoir accompli. Ne plaisantez pas. Deux ans après les religieux sont revenus ; ils ont retrouvé leurs couvents, leurs fidèles, et leur position est plus avantageuse qu'auparavant. Leurs noviciats sont à l'étranger, mais eux sont en France. Ils ont conclu une trêve avec le gouvernement qui les tolère : ils sont très sages maintenant ; pourquoi les tracasserait-on à nouveau ?

Ainsi devait se terminer la querelle ; comme toujours, le plus rusé a fini par avoir raison. En fait, les ordres religieux se sont donc relevés. Mais qui relèvera la magistrature catholique, gisant à terre, sans influence et sans espoir de la recouvrer jamais ? Les Ordres n'y pensent plus. Or, voilà les seules, les vraies victimes ; encore une fois, elles sont bien à plaindre, parce qu'avec un peu plus de jugement on pouvait épargner à elles ce désastre inutile, et à la France une si profonde saignée.

Quelque chose de pareil s'est produit à l'occasion des livres imposés par le gouvernement aux écoles, à titre de manuels de morale civique. Dans plusieurs diocèses, ces livres furent l'objet d'une réprobation tellement accentuée que les peines ecclésiastiques les plus sévères furent appliquées à leurs auteurs, vendeurs et imprimeurs. Le mot d'ordre était venu d'où partent toujours, en secret, des avis semblables. Mais la guerre fut entreprise sans réflexion et soutenue sans mesure. De braves curés et vicaires, ne pouvant ou ne voulant pas, ayant même conscience qu'ils ne devaient pas discuter l'ordre émanant de leurs supérieurs, tinrent ferme dans l'application de la sentence et y gagnèrent une suppression de traitement, ce qui équivalut bientôt à une misère complète. Un peu plus tard, dans ces mêmes diocèses où les évêques s'étaient montrés si rigoureux, ces prêtres fermes furent désavoués. Et ils purent ajouter ainsi au dénûment qu'ils avaient accepté en héros la tristesse de savoir qu'on les raillait et qu'on les accusait de précipitation. Ils furent les ânes de la fable.

Et cependant l'auteur de ces livres n'en avait rien retranché : ils étaient donc le lendemain ou bien aussi erronés, ou bien aussi orthodoxes que la veille. Ceux qui avaient soufflé le zèle de la maison de Dieu, ne soufflaient plus rien ; ils faisaient les morts. Ce fut aux évêques à s'en tirer de leur mieux ; quelques-uns y mirent beaucoup d'esprit et capitulèrent avec grâce. Quant aux opposants du clergé inférieur, ils durent longtemps encore tendre la main. Avez-vous appris que les Ordres religieux aient formé quelque association, quelque confrérie, pour venir en aide à ces martyrs imprudents de la foi parmi les peuples ?

Un intransigeant trouverait une multitude de raisons pour expliquer et justifier ces variations et ces non-interventions : elles seraient toutes tirées des chapitres les plus remarquables de ses ouvrages ; toutes seraient réflexions de science et de piété. Et il serait prouvé par A plus B, au moyen d'une logique serrée, d'une manière triomphante, que prêtres et magistrats ne pouvaient agir autrement sans risquer la paix de la conscience.

Pierre **Curé** jette au feu tous ces papiers surchargés de thèses et de citations. Il vous appelle tout cela de l'égoïsme et de la folie. Il recommande à tous ceux qui lui font l'honneur de le consulter de se tenir en garde contre la prudence de ces casuistes de seconde main, et, presque toujours, de commencer par faire le contraire de ce qu'ils conseillent.

.*.

Pierre **Curé** a son petit Syllabus, dont le grand Syllabus est, au reste, le fondement ; il n'admet rien dans l'un qui soit contraire à l'autre. Il a ainsi résumé ses idées pour les présenter plus clairement dans la polémique et favoriser la perception des intransigeants ; à eux de confesser qu'ils n'ont jamais admis une seule de ses idées et que néanmoins Pierre Curé n'est point un libéral.

Il ne croit pas que les monarchies, depuis bien des siècles du moins, aient vécu de l'esprit catholique ; et il pense, au contraire, que les républiques sont nées des abus de ces monarchies.

Il ne regarde pas 89 avec l'œil d'un irréconciliable, et des principes qui furent proclamés alors comme la base des droits du citoyen français il en adopte plusieurs qu'il tient pour très justes et très sensés. Les doctrines de 89 ont servi à ramener le genre humain vers les institutions païennes, dit-on. Cela n'est pas niable : mais est-ce la première fois qu'on se sert du bon pour le corrompre et engendrer le pire ? En outre, ces principes décrétés d'enthousiasme sont loin d'être tous également bons.

Lorsque l'État décrète, au nom du peuple, la liberté de conscience par exemple, l'État commet non-seulement une double erreur, mais encore une double sottise : ni lui, ni le peuple n'ont mission de définir ce qui est ou n'est pas la vérité, ce qui oblige ou n'oblige pas en conscience. Le but de la société est le bonheur commun, mais il est plus que cela ; de même toute la raison d'être des gouvernements n'est pas dans le fait de garantir à l'homme la jouissance de ses droits naturels. La volonté générale, serait-elle librement et raisonnablement exprimée, ne fait point la loi ; elle la provoque seulement, et la motive. La liberté de la parole, de la pensée, des cultes, ne peut jamais devenir un droit contre la vérité ; elle peut être restreinte. Le peuple n'est point le principe de la souveraineté, qui est Dieu seul, mais que Dieu a bien pu confier au peuple pour la transmettre à son élu. Enfin, l'insurrection contre un gouvernement violateur des droits du peuple, c'est-à-dire la revendication de ces droits par des moyens violents et anarchiques, ne saurait jamais être constituée en droit.

Mais lorsque l'État décrète l'inviolabilité de la propriété, l'égalité devant la loi, l'admissibilité de tous les citoyens à la représentation nationale et à l'occupation des fonctions publiques, l'égale répartition de l'impôt, etc., Pierre Curé ne peut pas s'empêcher d'applaudir avec toute la chaleur de son sang plébéien. Et il ajoute qu'en ceci l'État est seul compétent, s'il n'a pas l'intention de sortir de son domaine administratif. Il ne croit pas que l'Église, pourvu que ses droits soient

respectés et sa foi nullement atteinte, ait aucune raison
d'intervenir.

Les trois libertés, des cultes, de l'enseignement et
de la presse, ou, pour parler en français, ces trois affran-
chissements du monopole de l'État, seraient détestables
si elles étaient une rébellion contre la loi divine : ainsi
comprises par un peuple, elles sont l'unique source de
sa dépravation morale. Mais l'exercice de ces libertés,
garanti par une loi sociale, est chez les peuples
modernes le plus grand bien que le catholicisme
puisse recueillir de sa lutte incessante contre l'erreur
organisée. Elle est donc souhaitable en France ; on
doit la demander, quand on ne l'a pas, et chercher à
la conserver pas tous moyens, si l'on en jouit.

Et si, pour l'obtenir, on est obligé de subir des
conditions, de signer un Concordat, jamais, tant que
le Pape, par un acte solennel, n'aura pas rompu ce
contrat, on ne pourra sous aucun prétexte manquer à
sa parole. Il faut s'abstenir du mieux, afin de ne pas
compromettre la possession du bien. Éluder un traité
formellement consenti par les parties compétentes est
forfaire à l'honneur. On doit, par conséquent, repousser l'absurde théorie des intransigeants, formée de distinctions et de subtilités scolastiques, d'après laquelle
un Concordat n'oblige en justice qu'une partie, les
États, celle précisément qui se lie avec le plus de
regret et la plus disposée à reprendre ses habitudes
tyranniques. Cette doctrine a trop d'apparences d'injustice pour être vraie.

Que sont et que doivent être sur la terre les hommes
de gouvernement, d'après la foi catholique ? De simples
lieutenants civils de Jésus-Christ. A eux de contenir

les peuples en société, de veiller à leur prospérité matérielle et de favoriser, par une juste application du pouvoir, leur fidélité à la loi de Dieu.

En fait, que sont-ils? Des égaux de Dieu lui-même, s'ils croient encore qu'il y a un Dieu. C'est là le grand mal social. Mais aucune force humaine ne modifiera cet état de choses. Les gouvernements, qu'ils soient monarchiques ou républicains, sortent de la nation; et, s'ils n'en viennent pas tous avec un mandat formel, ils en rapportent toutes les erreurs, tous les préjugés et toutes les passions. Ils seront toujours ce qu'ils ont toujours été : des indépendants.

En attendant que l'Eglise ait régénéré le fond social de l'humanité, ce qui ne parait guère possible de longtemps, elle doit traiter d'égal à égal avec ces parvenus du pouvoir. Inutile qu'elle leur tienne le langage du désintéressement et de l'absolue dépendance qu'ils ne comprennent pas. Elle a raison de désirer sans cesse de meilleurs représentants de la chose publique; mais, en attendant, il est nécessaire qu'elle s'accorde avec ceux du moment.

Un conflit entre les deux pouvoirs, l'ecclésiastique et le civil, est-il possible? La question porte avec elle sa réponse. L'Etat peut-il empiéter sur les droits de l'Eglise? Il y tend constamment par sa pente naturelle. Dès lors, l'Eglise peut dénoncer les perfidies de l'Etat et se défendre de toute manière, après avoir épuisé tous les moyens de conciliation, contre ces usurpations sacrilèges. Mais l'Eglise peut-elle empiéter sur les droits de l'Etat? Ici, la matière est un terrain brûlant sur lequel il faut avancer avec précaution.

Oui, l'Eglise peut empiéter sur les droits de l'Etat;

elle empiète quelquefois. Vite, expliquons cette pensée, qui a d'ailleurs un grand besoin d'explication. En principe, l'Eglise catholique, étant la vérité et la justice mêmes, ne peut rien usurper. En fait, pareillement, ce ne sera jamais l'Eglise qu'on saisira en flagrant délit sur le terrain d'autrui, non-seulement parce que d'après les uns il ne saurait y avoir de terrain d'autrui pour elle, mais parce que, d'après nous, elle est trop sage pour ressaisir furtivement les terrains dont elle a pu faire la concession.

Seulement, ce mot Eglise est un peu abstrait; et il est bon de descendre à l'Eglise concrète. Les Souverains Pontifes n'ont-ils pas consenti à un *modus vivendi* avec les divers Etats, avec des conditions d'autant plus larges que les Etats sont plus éloignés du catholicisme? Dans ce traité, il est fait des déclarations comme celles-ci : que l'Eglise n'interviendra pas dans la politique de l'Etat, dans ses codes, dans ses lois administratives; que l'Etat aura des droits imprescriptibles d'enseignement, de surveillance, de nomination, de présentation, d'exclusion même. Maintenant est-il possible qu'un Pape, sciemment ou non, empiète sur ces droits reconnus, comme par une démarche, une alliance politiques, un blâme public de certains actes de gouvernement, une exigence inopportune, un refus d'approbation pour un sujet qui déplait à certaines influences?

Mettons de côté la personne très auguste du Souverain Pontife. Pour administrer les intérêts temporels et spirituels de l'Eglise, les temporels principalement, le Pape est environné d'évêques et de prélats, de politiques et de théologiens : est-il impossible que les uns ou les autres, sous l'empire de diverses considérations ou de divers conseils, n'attentent aux droits reconnus de l'Etat? Si l'on en a vu exagérer les attributions du pouvoir civil, n'en a-t-on pas vu se jeter dans l'excès contraire et provoquer aveuglément une guerre désastreuse pour la religion? Alors, il faut l'entendre sans doute dans le sens restreint, il est juste que l'Etat jouisse d'un pouvoir coercitif et efficace contre les empiètements, non de l'Eglise, mais des membres autorisés de l'Eglise.

Le prêtre peut-il faire de la politique contraire à celle du gouvernement existant et user publiquement de ses droits de citoyen, durant les périodes électorales? Cela n'est pas douteux. Dans plusieurs cas, heureusement très rares, il le doit en conscience ; dans tous les autres, il le peut : même ses adversaires sont forcés d'en convenir.

Mais s'il prétend ainsi user de tous ses droits, et s'il en use, ne donne-t-il pas aussitôt au pouvoir établi un droit équivalent, celui de le considérer comme son ennemi personnel? Puisqu'il offre la lutte, ce serait étrange qu'il niât au principal attaqué le droit de se défendre.

Le gouvernement se défendra-t-il loyalement ou non? Hélas! la loyauté, dans ces circonstances, est la dernière vertu dont on se souvient. Il le fera à son gré et dans toute la mesure de ses forces. Donc, il ne paraît pas avantageux que le prêtre fasse de la politique.

Si, en outre, le prêtre profite de sa situation, de sa liberté de parole, de son ministère pour exciter des passions de ce genre, il abuse et commet une évidente injustice. Les rigueurs du gouvernement l'atteignent justement au contraire, car il est convenu que les ministres de la religion catholique vivront en bonne harmonie avec le pouvoir civil tant que le Pape n'aura pas déclaré rompu le pacte signé avec lui. Le prêtre est citoyen français, il doit s'en souvenir; mais point trop, afin de ne pas s'exposer à oublier qu'avant tout il est prêtre. Il n'a pas le droit de trier son troupeau pour des raisons d'ordre politique et de se mettre à la tête des uns contre les autres : ce serait manquer gravement à sa mission.

Donc, suivant les idées de Pierre Curé, le prêtre qui exerce les fonctions de son ministère est l'être neutre en politique. Et le gouvernement n'abuse pas de son pouvoir, pourvu qu'il proportionne la peine au délit, en réprimant le prêtre agitateur.

La liberté de conscience et la liberté des cultes ne sont pas des dogmes catholiques; c'est dit. Les libertés, comme celle de la presse et de la parole, admises sans limites, sont plus pernicieuses à un peuple que la plus détestable des tyrannies. Mais vivant à une époque où elles ont été introduites dans les mœurs malgré lui, Pierre Curé les regarde comme son bien le plus précieux. Il les revendique hautement pour lui, parce qu'on n'est que trop porté à n'en priver que lui seul; mais il les réclame au besoin pour les autres, lorsqu'un zèle mal éclairé menace de rouvrir, par une persécution, l'ère néfaste des discordes religieuses. Il en appelle à ce principe chaque fois qu'il se sent opprimé, et pense que les autres, comme lui, peuvent s'en couvrir dans les moments critiques. L'État tolère les cultes différents; c'est un fait. Il tolère pareillement les orateurs

et les philosophes libres-penseurs. Et c'est par une
loi qu'il garantit cette tolérance : en a-t-il le droit? Oui,
car il peut avoir raison de croire que cette loi peut
seule convenir aux circonstances et assurer la paix
publique. Qui a jamais condamné l'Etat? Ce ne sera
pas le Pape qui admettait Rabelais à sa table, ni celui
qui défendait d'instruire le procès de Pomponaccio,
adversaire de l'immortalité de l'âme, ni celui qui
recevait les flatteries poétiques de Voltaire, ni celui qui
disait à Mgr Dupanloup : « Les Juifs et les protestants
sont libres et tranquilles chez moi. Les Juifs ont leur
synagogue dans le Ghetto et les protestants leur tem-
ple à la porte du Peuple. » Ce n'est pas non plus le
Syllabus, qui, d'après les évêques les moins suspects
de libéralisme, ne s'est point occupé des faits, mais
des principes. Affirmer que l'homme doit jouir de
toutes ces libertés comme un droit de nature, que cet
état de jouissance est le seul légitime, affirmer que la
force matérielle et le nombre constituent seuls le
droit, c'est encourir la condamnation du Syllabus.
Mais établir la liberté à un moment donné dans un
Etat, la liberté de conscience, la liberté de la presse,
les protéger, les garantir, user du suffrage universel, n'est point condamné. « Oui, nous pouvons
rester bons catholiques et respecter sincèrement,
non par force, mais par raison et par conscience,
les droits que nos compatriotes des autres cultes
tiennent de l'histoire, des mœurs et des lois de la
France, » écrivait le dernier évêque de Strasbourg.
Ce n'est pas certainement l'avis de l'intransigeance,
qui ne s'occupe guère des intentions, « qui descend
toujours de l'ordre immuable et absolu dans l'ordre

contingent et relatif souvent abandonné à des nécessités que l'on peut quelquefois éluder, mais que plus d'une fois aussi le législateur est contraint de subir(1). »

C'est à peu près dans le même sens qu'il adopte la formule de Cavour : « L'Eglise libre dans l'Etat libre. » Ecoutez son raisonnement, vous qui ne comptez que les mots. L'Etat n'est point libre de vivre hors de l'Eglise; l'Eglise est obligée de vivre dans l'Etat. Mais si l'Etat veut vivre hors de l'Eglise, nous ne pourrons pas l'en empêcher. Qu'il nous laisse alors vivre le plus possible hors de lui.

L'Etat a-t-il cette volonté? Oui; et chaque jour il la manifeste par de nouveaux actes qui tendent à pousser dehors le catholicisme. Eh! bien, séparons-nous entièrement.

Cela n'est pas possible, dites-vous? Comment! il est possible qu'on nous mette dehors, et il n'est pas possible que nous nous séparions? Insensés ceux qui croient que le pouvoir n'osera pas aller jusqu'à l'extrémité ou qui comptent sur un pouvoir nouveau pour reprendre leur place dans l'Etat! Il y a beau temps que nous changeons de gouvernement, et chacun d'eux nous a portés un peu plus loin, voilà tout. Le prochain peut-être nous chassera tout à fait. S'il nous réintègre d'abord, ce ne sera que pour recommencer peu à peu l'expulsion définitive. Qu'on sépare donc l'Eglise de l'Etat; qu'on abolisse le Concordat et qu'on nous fasse rentrer dans le droit commun. Qu'avons-nous à y perdre? Cette séparation tuera l'Etat; elle grandira l'Eglise, si elle est pratiquée loyalement.

(1) L'Evêque de Mende.

7

Mais l'Etat nous détient le pain quotidien, à nous, ministres du culte; et puis il nous protège. Et contre qui, s'il vous plaît? N'est-il pas plus vrai de dire que l'Etat est toujours le complice de nos ennemis, et que cette complicité aggrave partout notre situation? Quant au pain ou au traitement, c'est vrai, il nous est dû; mais ne sommes-nous pas obligés de l'acheter journellement par le silence le plus rigoureux et par des transactions complaisantes? Si l'on nous vole une seconde fois, ce qui arrivera probablement, ne tomberons-nous pas dans la situation que nous voulons éviter? A ce point de vue, les religieux ne veulent pas de séparation, et ils nous ferment la bouche avec le mot de *libéralisme*. C'est qu'alors ils auraient cessé de marcher dans l'opulence. Le prêtre séculier serait obligé de recourir directement à la charité des fidèles, et ceux-ci, obligés de nourrir leurs prêtres, ne se préoccuperaient plus des ordres religieux, qui se rabattraient sur leurs économies ou sur la besace de leurs ancêtres. Mais pour nous, franchement, il vaudrait mieux vivre séparés que chassés.

*
* *

En considérant même le devoir le plus strict, la dette de l'Etat vis-à-vis du clergé est-elle une dette perpétuelle, à tel point que dans aucun cas la nation, obérée d'impôts, ne puisse être déclarée insolvable? Et alors ne pourrait-elle pas se décharger de cette dette, en la compensant de quelque manière, en redonnant par exemple au clergé le droit de posséder? Cette thèse a été soutenue dernièrement par un membre de l'Episcopat français, dans une brochure livrée au public et qui n'a pas été condamnée.

Il semble donc que nous retombions dans la nécessité de la dîme. En soi, la dîme n'est pas un impôt injuste. Celui qui vit pour l'autel doit vivre de l'autel ; le prêtre a donc le droit d'imposer sa subsistance aux fidèles. Et qu'on appelle de ce nom ou d'un autre la redevance à laquelle le clergé peut prétendre, peu importe. Néanmoins, ce moyen de prélever l'impôt, tel qu'on l'entend par la dîme, inspire quelque répugnance.

Que le prêtre vive dans l'Etat ou séparé de l'Etat, il doit préférer un autre mode de recevoir son salaire. Séparé de l'Etat, il ne doit pas songer au droit de possession, au patrimoine de l'Eglise. Nos gouvernements lui sont trop hostiles pour la rétablir propriétaire indépendante. Par ses économies autant que par son intelligence, elle s'agrandirait sans cesse ; avant un siècle, l'Eglise de France aurait reconquis ses anciennes possessions et retrouvé le monopole de la fortune nationale. C'est ce que prévoient les gouvernements, et ce à quoi ils s'opposeront toujours de toutes leurs forces. Mais dans ce cas il resterait au clergé, vivant hors de l'Etat, la taxe modérée en argent à l'occasion des fonctions de son ministère et les oblations volontaires des fidèles.

C'est surtout lorsqu'il vit dans l'Etat, toujours dans l'hypothèse des temps actuels, que la dîme est chose odieuse. Le traitement par l'Etat est encore le meilleur moyen d'entretenir le clergé d'un pays. Pourquoi ? Parce que c'est le seul qui permette au prêtre de recevoir *son salaire* sans exposer ni sa dignité, ni sa vertu. Sans doute, l'une et l'autre risquent plusieurs inconvénients à dépendre d'un pouvoir établi ; il est à craindre que le meilleur soit toujours celui qui paie. Contre cette crainte, l'attitude du clergé de France proteste ; il a fait la preuve que le traitement n'est point la règle de de sa conduite. Mais avec la dime prélevée directement sur les populations, le prêtre est trop visiblement le créancier de ses fidèles. Il existe entre eux et lui, durant l'année entière, une question malheureuse : celle de l'intérêt. En outre, il est fort exposé à pécher tantôt par avarice, et à devenir exacteur, tantôt par excès de condescendance, et à risquer la simonie. C'est surtout dans le cas de la dime qu'est plein de vérité ce mot d'un publiciste étranger : « Ne croyez pas que le prêtre gagne beaucoup, s'il est obligé de ménager, dans celui dont il est le pasteur, le commanditaire de son culte. »

Voilà, par conséquent, en fait, la dime réprouvée. En supposant que, dans nos catéchismes, on voulût replacer ce commandement inscrit dans les formulaires espagnols, Pierre Curé aurait beaucoup de répugnance à y souscrire.

On parle encore de *désamortissement,* c'est-à-dire de la confiscation des biens ecclésiastiques au profit de la nation ou de l'Etat. En principe, *désamortir,* c'est voler. L'Etat qui prétend seulement reprendre, et les populations qui s'imaginent seulement occuper par défaut, n'ont jamais cru qu'ils ne volent pas. Il faut leur savoir gré de cette conviction intime qu'ils trahissent par tous moyens.

Cependant, le moraliste ne doit pas traiter également le *désamortissement* et le vol ordinaire. Il n'y a pas toujours lieu à stricte restitution dans le premier cas, laquelle pourrait devenir souvent une nouvelle injustice, laquelle enfin est presque toujours impraticable. L'Italie détient le patrimoine de saint Pierre ; elle l'a pris violemment au Pape, qui n'a point cessé de le réclamer. Evidemment, il ne peut pas y avoir lieu de placer la doctrine des *faits accomplis,* à moins d'un acquiescement formel du Saint-Siège, et d'un Concordat. Ici, le voleur et le volé sont très connus, très distincts ; ils vivent toujours ; le bien mal acquis est déterminé.

Autre est le raisonnement au sujet des biens dits de main-morte et des biens ecclésiastiques quelconques autrefois usurpés, divisés, reportés dans le domaine public, achetés de bonne foi, formant aujourd'hui le patrimoine du citoyen qui ignore quelle est la parcelle ajoutée, de qui et par quels moyens elle fut acquise. La plupart des possesseurs légitimes sont morts et n'ont laissé aucun ayant-droit à leur succession ; les autres ont été tellement renouvelés qu'il est douteux qu'ils possèdent là-dessus quelques droits. Il serait, en effet, curieux que ces religieux et ces prêtres, élevés par l'usage de ces biens confisqués, parvenus grâce à eux à un titre de possesseur de ces biens, actionnassent leurs pères et pussent les contraindre à se dépouiller maintenant en leur faveur.

Il y a eu erreur nationale ; est-elle réparable au sens strict ? Non. Il faut donc reconnaître les faits accomplis. L'Etat a dispersé les maisons religieuses ; un grand nombre ne renaîtront plus, et leurs membres échappés à la mort sont incorporés au clergé séculier. L'Etat a commis une injustice et un abus de pouvoir. Mais quels seront les héritiers légitimes de ces corporations éteintes ? Si l'Etat s'est emparé de leurs biens tombés en déshérence, à qui doit-il les restituer ? Sans introduire une discussion, tous les biens ecclésiastiques ont-ils été réellement des fruits du travail ? Beaucoup, usurpés par le vainqueur sur le vaincu, souvent le fruit d'une guerre injuste et déloyale, furent cédés pour bonnes œuvres à des monastères par des seigneurs soucieux de mettre leur conscience à l'abri du remords. Les moines approuvaient alors la doctrine des faits accomplis. Le patrimoine de saint Pierre remonte à Charlemagne ; mais l'empereur chrétien ne l'avait-il pas constitué avec les dépouilles de ses ennemis ? A l'origine de toutes les possessions, on trouvera toujours l'occupation par la force, qui ne fait pas le droit, mais qui l'aide à venir. Le temps, rien que le temps, justifie la doctrine des faits accomplis, en substituant une sorte de prescription à la possession première. Est-ce une contradiction avec la condamnation ci-dessus exprimée de l'usurpation piémontaise ? Aucunement ; car il entre dans les mœurs de l'humanité de considérer la guerre comme une manière d'occuper légitimement un territoire ; et de ce droit de convention il naît avec le temps un droit foncier imprescriptible. Le Piémont n'a point fait de guerre, que l'on sache, mais seulement du banditisme.

*
* *

Autres idées de Pierre Curé qui ressemblent à des idées libérales et n'en sont pas, mais qui sûrement ne sont jamais entrées dans le cerveau d'un intransigeant.

En principe, dans une société chrétiennement organisée, dans une société civile telle que la requiert la religion véritable, le bras séculier est à la disposition du chef de l'Eglise pour réprimer l'erreur; car le gouvernement a le devoir de veiller par tous moyens à la sûreté de la vérité. En fait, dans nos sociétés modernes, révoltées contre l'Eglise, indifférentes aux choses de la foi, tendant à substituer l'injustice à la justice, le bras séculier ne doit pas intervenir dans les questions confessionnelles. Opprimer, persécuter un hérétique ou un juif, pour ce seul fait qu'ils professent et propagent l'erreur protestante ou judaïque, est chose odieuse et même injuste. D'ailleurs ici l'on exterminerait le juif, et là on tuerait le catholique. Il est bon qu'on puisse se convertir librement. Et si ce n'était pas la doctrine de l'Eglise, c'est journellement que l'Eglise devrait excommunier ses évêques, ses prélats, ses prêtres, ses journalistes qui ont ces idées et les mettent en pratique.

L'Etat n'a pas le monopole de l'enseignement qui supposerait en lui une mission spéciale avec le privilège de l'infaillibilité. Mais il a le droit de se constituer une société enseignante et de lui imposer un programme, d'ouvrir des écoles et de les surveiller. En tant qu'Etat il peut confier cet enseignement à des instituteurs de son choix; et ce n'est pas un déni de justice qu'il inflige, lorsqu'il prétend exclure de son corps enseignant une classe de citoyens pour des raisons politiques. Deux conditions cependant doivent être observées par lui, pour que son droit ne soit pas faux et abusif : qu'il n'enseigne rien de contraire à la vérité catholique, et s'il ne l'enseigne pas lui-même qu'il n'arrête pas le développement des écoles spéciales où sera enseignée cette vérité. En un mot, l'Etat ne peut pas amoindrir l'enseignement, le restreindre aux seules sciences naturelles, morales et rationnelles; mais il peut le scinder et s'en remettre de la partie religieuse aux ministres de la religion.

Au sujet des lettres d'obédience, le gouvernement n'est pas injuste, parce qu'il n'en tient pas compte, dès lors qu'il exige de ses instituteurs et professeurs des brevets spéciaux. Dans les écoles libres, il n'a pas le droit de les exclure, pourvu que d'autre part les maîtres lui fournissent des garanties suffisantes d'aptitude et de capacité. Mais dans les écoles qu'il entretient et qu'il dirige, son droit de soumettre tous les professeurs aux mêmes conditions est indéniable.

Ces lettres d'obédience peuvent devenir même une injustice, lorsque pour concourir aux mêmes emplois elles tiennent lieu de tout brevet. Dans beaucoup de cas elles couvrent l'incapacité du sujet. Tel ordre religieux, si tous ses membres devaient conquérir leurs grades à la suite d'un sérieux examen, serait certainement obligé d'abandonner la direction d'une école ou d'un séminaire. S'il y a pénurie de vocations, un supérieur d'Ordre se voit contraint de prendre les sujets tels qu'ils sont. Et l'on voit assez souvent, par suite de cette nécessité, des jeunes gens improvisés maîtres dans des sciences très difficiles, lorsqu'ils ne seraient point les premiers parmi leurs élèves. La suppression des lettres d'obédience dans les écoles publiques et la soumission aux mêmes examens de tous ceux qui aspirent à enseigner n'est pas un mal. C'est un grand bien.

Il faut vivre avec son siècle. Cette maxime est applicable à tous, jusqu'au catholique le plus convaincu et le plus austère. Qu'il prenne garde de ne pas vivre du

siècle, ni comme le siècle ; mais qu'il vive avec lui.
Qu'il ne rêve pas l'utopie de recommencer sans cesse
l'ancien régime en politique, ni l'ancien droit canon en
matière de foi. Autres temps, autres mœurs. Nos
temps exigent une modération que l'on connaissait
autrefois, mais qu'on appliquait moins. Il faut même
soutenir son siècle et l'encourager dans ce qu'il a
de bon, de peur qu'il ne devienne pire. Il faut préférer un candidat libéral à un radical, si l'on n'a pas
d'autre choix, et voter pour lui. Il faut sacrifier à
quelques usages, et ne pas avoir l'air de s'apercevoir
que certaines exigences sont trop mondaines et certaines relations trop avancées. Si le siècle est très
malade, ce n'est pas une raison de l'abandonner à son
mal, et si quelqu'un doit se tenir loin de lui, ce n'est
certes pas le médecin.

On dit : Un magistrat, un fonctionnaire public ne
doivent jamais transiger avec leur conscience, et dus-
sent leurs plus légitimes intérêts en pâtir, ils doivent succomber à leur devoir. Mais il y a devoir et devoir.
Condamner sciemment un innocent, commettre une
injustice pour plaire ou seulement ne pas déplaire au
gouvernement, est une infamie et un crime. Nulle circonstance n'en atténue la gravité. Mais s'abstenir de
paraître à un office public, à une procession par exemple, s'abstenir même d'un devoir plus grave, pour
sauver sa situation, pour n'être pas sacrifié par un
supérieur malintentionné, n'est pas toujours si blâmable qu'on veut bien le dire. Ce pouvoir qui inspire de
telles craintes, abuse ; il n'y a point de doute. Mais tel
qu'il est, mauvais, oppresseur des consciences, il n'a
malheureusement pas de compte à rendre à ses subor-

donnés, qui se sont offerts à son service et qui font bien de se mettre à l'abri de ses vengeances et de ses rancunes. Car, dans la situation qu'ils occupent, ils sont peut-être les derniers soutiens de la vérité et de la justice.

Le suffrage universel n'est point la source du droit civil et politique, ni le fondement de l'autorité; mais c'est le moyen de transmission du pouvoir le plus rationnel, le plus juste, le plus compétent et le moins discutable. Quel est le pouvoir constitué qui n'est pas sorti d'un suffrage, universel ou restreint, du suffrage de la masse populaire ou de la masse intelligente? Bien plus avec les mœurs et l'état des esprits actuels, s'éloigner du suffrage universel serait une faute et un danger. Supposez un pouvoir reposant sur une autre base que le suffrage universel : ce sera un conflit permanent entre la société et son chef. Celui-ci succombera infailliblement. Le suffrage universel n'est une triste chose que depuis qu'on a pris l'habitude de faire voter les morts. Dans une société il y a des incapables et des indignes, et ceux-là, véritables cadavres, ne sont plus rien de la société.

Pierre Curé a sa manière de voir au sujet de Rome politique, c'est-à-dire de l'administration des biens temporels de l'Eglise et des combinaisons hiérarchiques. Il met de côté la personne sacrée du Souverain Pontife qui ne saurait être mêlée aux intrigues d'une cour, hélas! aussi fragile que toute autre. Mais, à ses yeux, ce n'est pas un criminel, pas même un vil libéral, celui qui voit des taches là où elles sont, qui s'en émeut, qui en manifeste discrètement sa surprise, et qui, mettant sa parole en harmonie avec sa conscience, se plaint de Rome, si Rome mérite qu'on s'en plaigne.

Tout en demeurant très orthodoxe, ne peut-on pas souhaiter que la religion du Saint-Père soit éclairée, et que tel journal ou tel prélat reçoive une plus faible attribution sur le denier de Saint-Pierre?

Ne peut-on pas se montrer froissé, scandalisé même, de voir que le premier prélat venu, un jeune homme souvent, régente un vénérable évêque, un vieillard recommandable par sa science et par sa vertu, l'apostrophe et lui rappelle durement ses devoirs?

Ne peut-on pas s'étonner qu'un pauvre curé, qui a économisé toute sa vie les frais énormes d'un voyage à Rome, pour se procurer avant de mourir la consolation de voir en face le vicaire de Jésus-Christ, l'amour de son âme de prêtre, ne puisse parvenir à voir le Pape, parce qu'un monsignor quelconque le tient sous clé et le réserve aux dames et aux laïques huppés?

Qu'est-ce que le denier de Saint-Pierre? Un secours que la piété des fidèles adresse au Pape pour alléger sa pauvreté et l'aider à soutenir l'éclat de son trône. Quel est le peuple et quel est le clergé qui se font remarquer par leur dévouement à cette œuvre? Le peuple et le clergé de France. Serait-ce trop demander qu'en ces temps pénibles un nombre moins considérable de petits écrivains et d'abbés, prélats surnuméraires, fussent entretenus à nos frais? Serait-ce trop prétentieux d'exiger que ces chers seigneurs, conservés par nous dans leurs prébendes, portassent partout le respect de la France; qu'ils daignassent, dans nos visites à Rome, se déranger un peu en notre faveur et déroger pour nous à leur dignité?

Pierre Curé n'a jamais bien compris, même à l'époque du pouvoir temporel, l'utilité de réserver à une seule classe de catholiques, aux seuls Romains, l'administration et la représentation de l'Eglise, ni l'inconvénient d'une curie cosmopolite, composée naturellement du meilleur choix fait par les évêques, après concours. Quel avantage y a-t-il à être représentés ou administrés par de jeunes séminaristes, qui deviennent archevêques à trente ans, nonces à trente-deux et cardinaux à quarante, par la force des choses? Pour être certain du cardinalat, il faut être Romain, entrer dans les bureaux, et attendre ; pour être évêque, nonce ou légat, c'est-à-dire arbitre des situations entre l'Eglise et un Etat, il ne faut pas davantage. C'est, au moins en apparence, très anormal. Mais c'est presqu'injuste, aujourd'hui que le temporel n'existe plus en fait.

L'Eglise gagnerait à un ordre de choses différent. On ne l'accuserait pas d'être la proie de jeunes gens avides et inexpérimentés. Au moment de la crise piémontaise, une curie cosmopolite eût été peut-être plus énergique en présence de l'invasion; moins de prélats eussent fléchi ouvertement ou en secret vers l'italianisme, et plus de nonces eussent osé persuader à leurs gouvernements respectifs qu'ils devaient intervenir.

En ce qui concerne la situation de l'Eglise en Italie, Pierre Curé ne croit pas que toute conciliation soit impossible. A Dieu ne plaise qu'il ose, comme le premier intransigeant venu, indiquer expressément ou même insinuer au Pape sa conduite à tenir. Mais il lui semble que, pour mettre fin à une situation déplorable, le Pape pourrait, sans reconnaître les faits accomplis, signer un Concordat avec le gouvernement piémontais

et réédifier le temporel de l'Eglise sur des bases suffisantes, quoique restreintes. Il ne croit pas que ce Pape
qui songerait à améliorer ainsi la situation de toute
l'Eglise catholique *cesserait par là même d'être Pape,*
comme l'a solennellement affirmé une revue *ultrà.* En
écrivant de telles absurdités, ces docteurs rigides font
de la stratégie ; ils entendent former au préalable parmi
les catholiques une opinion contraire à une démarche
possible du Saint-Siège, afin que le Saint-Siège recule
devant la nécessité d'affronter le sentiment général, et
ne pense plus à ses projets.

* * *

La bête noire de Pierre Curé, c'est le *laïcisme.* Vous
prétendez qu'il ne sait pas trop ce qu'il dit ; qu'il
invente une hérésie nouvelle beaucoup plus vague que
le libéralisme. Mais vous vous trompez. En preuve,
voici sa définition : le laïcisme, c'est la manie de quelques esprits inquiets, laïques naturellement, qui font
du zèle en dehors du clergé. Vous voyez qu'il entend
fort bien ce qu'il veut dire. Vous remarquerez aussi
qu'il prend le laïcisme dans le sens le plus bénin ;
même dans ce sens, il le condamne.

Oui, il y a des laïques, poussés par le démon d'une
fausse théologie, qui prétendent régler le catholicisme
à leur guise, le diriger, le modérer ou le précipiter à
leur fantaisie, qui se croient supérieurs par l'intelligence et plus utiles par leur volonté aux évèques eux-
mêmes. Dans cette conviction intime, ils se réunissent

en conciles, s'adjoignent pour la forme quelques religieux et quelques prélats de cinquième ordre, discu-
tent les intérêts de la religion et délibèrent gravement
sur les mesures à prendre pour sauver le Capitole. Ce
ne sont plus les oies d'autrefois qui veillent, ou plutôt
ce sont des oies perfectionnées qui veulent remplir
elles-mêmes les devoirs consulaires.

Ils prennent non-seulement l'initiative des bonnes
œuvres, des associations et des confréries, mais ils en
usurpent la direction. Ils groupent les villes et les diocèses en sociétés dont ils demeurent les chefs uniques ;
et c'est d'eux seuls que reçoivent le mot d'ordre les
catholiques militants. Assez souvent toute cette milice
obscure marche à l'encontre des idées et de la pratique
de l'évêque du lieu. L'on ne serait pas embarrassé de
citer tel président de cercle catholique, tel modérateur
d'assemblée ouvrière, se posant résolûment en face du
véritable pasteur, comme un évêque en redingote. Ce
qui est tout simplement un schisme formel aussi bien
qu'une ineptie. C'est à peu près partout que ces braves
gens manœuvrent en dehors du mouvement épiscopal.

Ce laïcisme n'est donc pas un mythe, ni même quelque chose d'indéterminé. Il est vivant en France, et
représenté par des personnes très distinguées, il est
vrai, mais seulement trop convaincues de leur valeur,
de leur influence, trop encombrantes en un mot,
oubliant qu'elles sont les *soldats* du Christ. S'il y a des
prêtres qui aspirent à descendre au laïcisme, il y a beaucoup plus de laïques qui rêvent d'être prêtres et pontifes. Ils sont impatients de commandement.

Vous voyez que sans être doué d'*une intelligence
incommensurable* — raillerie très innocente du paci-

fique don Sarda — Pierre Curé a découvert l'introuva-
ble laïcisme. A moins de mettre des noms, de désigner
les personnes, les livres et les journaux, ses affirma-
tions ne sauraient être plus claires.

D'après le moraliste espagnol, qui reproche à
ses adversaires de toujours affirmer sans prouver, le
laïcisme n'existe pas dans l'intransigeance. Cette page,
dans laquelle il s'inscrit en faux, est pleine de protestations mêlées à des moqueries presque fines ; mais,
de preuves, aucune. Involontairement il est tombé dans
le défaut commun. Il connaît une poignée de catholiques
généreux, pèlerins de Rome, dévoués au Saint-Siège,
fidèles à leur évêque, inspirés par de saints et savants
prêtres, ce qu'il y a de plus saint et de plus savant, et
comblés par le Pape de bénédictions authentiques. Et il
demande si c'est cela qu'on appelle laïcisme. Non, c'est
tout le contraire.

Avertissement à l'auteur, et renvoi de procédé : « Son
petit manuel de logique ne doit pas lui avoir signalé le
sophisme appelé *mutatio elenchi,* celui-là même qui
le fait chanter *extrà chorum* pour ne pas employer une
autre expression, etc. »

Le laïcisme, c'est une troupe considérable de catholiques orgueilleux, fiers jusqu'à la satiété de leur vertu
publique, dévoués au Saint-Siège plus qu'au Pape,
marchant loin des évêques, inspirés par de pieux ecclésiastiques, pieux sans contredit, mais dont le jugement
ne vaut pas la piété, qui soutiennent leurs œuvres à
eux, à l'exclusion de toute autre, qui parlent fort et à
tout propos dans l'Église, et que le Saint-Père a dû
rappeler de temps en temps soit à la vérité, soit aux
convenances. Où sont-ils ces laïques ? Cherchez bien ;

vous en trouverez non loin de vous, à la portée de votre main.

Si vous avez pris place à un pèlerinage, voyez de quel comité il dépend, de quels chefs vous avez à respecter les ordres, et qui possède le monopole des lieux de dévotion. Il n'est rien, pas même le mode de satisfaire votre piété, qui n'ait été prévu par eux, sous prétexte bien sûr d'éviter l'encombrement. Ils ont la clef de la grille, et ce n'est qu'à telle heure, lorsqu'ils seront là, dans l'ordre qu'ils vous fixeront, que vous pénétrerez dans la grotte. C'est une entreprise de charité pure, soit ; mais c'est une entreprise. C'est l'organisation du miracle qui doit se produire avec méthode et régularité. Dans ces lieux saints, il est au moins étrange, vous en conviendrez, de ne voir que des laïques en béret bleu, en toque de voyage, en veston court, tout à fait à leur aise, circuler, parler, imposer silence, commander le respect et la dévotion.

Si vous avez fondé une œuvre, hôpital, école, cercle, et que vous ayez fait appel à leur fortune, voyez s'ils ne se sont pas érigés aussitôt en tribunal des conflits, en assemblée plénière seule compétente et seule délibérante, et s'il ne vous faut pas subir leur volonté. Au contraire, dans les œuvres diverses qu'ils ont fondées sans vous, veuillez me dire dans quelle ils vous ont introduit avec autorité effective, avec voix prépondérante, à titre d'évêque ou de curé de la paroisse ?

Et qu'on ne le nie pas, une fois de plus, ce laïcisme est partout aujourd'hui ; du zèle il est tombé à la manie. Au lieu d'être des hommes de conseil et de secours, la plupart de ces laïques ne sont plus que des sacristains. Aussi, toute leur activité· est et demeure stérile. Comment veut-on que Dieu bénisse cet apostolat intrus?

Passez maintenant à cette autre nuance du laïcisme qui consiste à discuter les points essentiels du dogme, de la morale et de la discipline, à inonder les journaux et les livres de thèses sans fin, de définitions prématurées, et vous ajouterez de vous-même qu'il est non-seulement inutile, mais dangereux et condamnable. N'est-ce pas une pitié de voir un journal devenir un manuel, une estrade quelconque devenir une chaire de philosophie et de théologie, et du haut de cette chaire un conférencier, un journaliste, un laïque à idées chaudes, expliquer aux fidèles le sens et la portée d'un article de foi? N'est-ce pas une pitié plus grande de voir un public catholique, mêlé d'un grand nombre de prêtres, écouter avidement cette parole, la mettre en balance avec la parole autorisée de ses évêques, et faire d'un journal le maître infaillible de sa conscience? Vous me direz que ces hommes sont graves, méditatifs, et ne se trompent point. L'expérience vous dément : pas un de ces prophètes qui ne se soit grossièrement trompé.

Et puis, qu'importe? Est-ce que Jésus-Christ a changé depuis peu la Constitution de l'Eglise? A-t-il dépouillé, pour en revêtir ces laïques, les évêques, successeurs des Apôtres, de la mission de régir et d'enseigner? Ils sont dévoués au Pape; mais il ne faudrait pas que ce dévouement *à toute épreuve* excusât une révolte opiniâtre contre l'organisation de l'Eglise et dissimulât une amitié plus funeste que l'hostilité. Combien de fois, au nom de ce prétendu zèle, par une sotte précipitation, n'ont-ils pas compromis la prudente lenteur des Papes et le repos de l'Eglise?

« Dans les temps difficiles que nous avons à traverser, il importe
« que chaque défenseur de l'Eglise reste fidèlement à son rang, et
« qu'il n'aille point, par un élan inconsidéré, s'exposer à nuire à la
« cause qu'il prétend soutenir. Laissez vos premiers pasteurs se
« porter en avant, et soyez persuadés que le meilleur moyen de
« servir utilement l'Eglise, c'est d'attendre leur impulsion et de
« suivre la direction qu'ils jugeront à propos de vous donner (1).
« ..... Dans la société actuelle, où règne trop souvent la confusion
« des idées et du langage, la haine de l'Eglise d'une part, de l'autre
« un zèle intempestif pour sa défense, intervertissent les rôles et
« troublent cet ordre admirable (de l'enseignement dans l'Eglise).
« A peine un document est-il envoyé aux évêques par le Saint-Siège
« que, sans attendre que les pasteurs se prononcent à la suite de
« leur chef, on se place aussitôt comme intermédiaire entre le Pape
« et les fidèles, et ces intermédiaires, puisqu'il faut les appeler par
« leur nom, ce sont les journaux..... Ceux qui s'intitulent un peu
« trop facilement religieux ont, à leur tour, paru sur la brèche.
« Avant que l'épiscopat, seul fondé de pouvoir et accrédité d'office,
« expliquât et transmît au peuple la doctrine émanée du Saint-Siège,
« on les vit affirmer, décider, trancher, exiger une soumission absolue,
« déclarer que *toute la rédaction était de cet avis*, qu'ils allaient
« combattre vaillamment, qu'aucun ne faillirait à son devoir.....; on
« les vit se permettre une suite d'articles démontrant *ex professo*
« que les condamnations de l'Encyclique n'avaient rien de si
« effrayant, etc.
« ..... Après avoir rappelé l'incompétence de nos adversaires, nous
« arrivons à une seconde observation qui a aussi beaucoup d'impor-
« tance : c'est que les écrivains catholiques (qualification dont on est
« trop prodigue) ne sont nullement autorisés à devancer le jugement
« des évêques. Nous dirons, sans détour, aux journaux religieux:
« Vous avez entrepris sur le droit exclusif des évêques, en décidant
« sans eux et avant eux ; vous avez manqué à tous les respects qui
« sont dus à la parole du vicaire de Jésus-Christ, en vous permet-
« tant, vous, laïques, d'interpréter cette parole vénérable, lorsque
« l'élucidation théologique qui en a été donnée par un de nos plus
« savants prélats laisse encore quelques points dans une pénombre
« que perceraient difficilement des yeux moins exercés; en vous
« interposant entre le Pape et les fidèles, vous avez inventé un
« moyen de communication, un tribunal que Notre-Seigneur n'y
« a point établi, que la tradition n'a pas consacré, que l'Eglise n'a

(1) Mgr Dours, évêque de Soissons. *Lettres pastorales.*

« jamais connu. Quand les fidèles, après s'être édifiés dans vos
« colonnes, entendent la lecture de nos mandements, quel intérêt,
« quelle conviction religieuse peut-il en résulter pour eux ? Le
« peuple chrétien, à la longue, ne pourrait-il pas s'imaginer que ses
« docteurs et ses guides marchent à la remorque dans le sillage que
« vous avez tracé sur les flots ?... Et puis, n'y a-t-il pas toujours,
« dans le journalisme, une couleur de parti qui déteint nécessaire-
« ment sur les discussions religieuses ? Le pouvoir civil n'étudie pas
« l'Eglise en elle-même ; il la considère au point de vue gouverne-
« mental ; il en observe les tendances ; il en apprécie l'influence
« d'après les journaux qui en soutiennent la cause ; il en arrive
« même à confondre les hauts intérêts de la foi avec ce qu'on lui
« désigne comme un système d'opposition ; de là la défiance,
« l'aigreur, l'irritation et la sévérité. Nous voulons le croire, des
« conditions moins absolues seraient faites à l'épiscopat, si la presse
« ne se donnait pas le tort ou les apparences de peser sur lui, si
« elle ne semblait pas rattacher les évêques à ce qu'elle appelle le
« *parti catholique*. On n'a point encore osé placer le Souverain
« Pontife à la tête de ce *parti ;* on lui donne pour chefs des indi-
« vidualités sans mandat légitime, souvent laïques ; mais les évêques
« ne connaîtront jamais d'autre parti que la Sainte Eglise, d'autre
« chef que le Vicaire de Jésus-Christ.

« .. .. A nos observations, on répond par un mot dont on a trop
« abusé, à savoir : que tout chrétien, tout écrivain catholique est
« soldat. Soldat, oui, mais non pas capitaine ; soldat pour exécuter
« et non pour commander la manœuvre ; soldat pour obéir aux
« commandements supérieurs transmis par les chefs de corps et non
« pour interpréter ces commandements ; soldat pour marcher en
« ligne dans cette grande armée rangée en bataille, et non pour se
« débander en tirailleur improvisé Si nous consentions à placer
« par honneur la presse religieuse au front de bandière, ce serait
« toujours à la condition qu'elle ne dépasserait jamais l'alignement
« des drapeaux et des étendards. Voilà la beauté et surtout la force
« du camp d'Israël ; voilà l'ordre essentiel qu'on ne trouble pas
« sans péril (1). »

(1) Mgr Le Courtier, évêque de Montpellier. *Lettres pastorales.*

Pierre Curé aurait pu se payer le luxe *d'un renfort d'auteurs et de droit canon* pour démontrer que ce laïcisme est tout à fait détestable et tout à fait nuisible aux intérêts de la religion ; mais on se serait agréablement moqué de lui. Il préfère s'en tenir à ce proverbe bien connu : *Ne sutor ultrà crepidam.* Vous êtes évêque, soyez évêque ; vous êtes laïque, restez cordonnier, c'est-à-dire soumis aux évêques, ne parlant qu'après eux et n'agissant que suivant leur direction.

Un laïque peut-il aujourd'hui se mêler aux controverses religieuses et rappeler la vraie doctrine au public qui l'écoute ? Oui, mille fois oui ; et le secours qu'il prêtera à la vérité sera d'autant plus efficace que son intelligence sera plus grande et son zèle plus ardent. Mais peut-il qualifier les livres et les personnes en matière de foi ? Non, mille fois non. Il ne le pourrait que si ce livre ou cette personne lui avaient été désignés déjà par le juge compétent. Et encore devrait-il consulter ce même juge sur l'opportunité d'une nouvelle qualification.

Il peut guerroyer en toute liberté contre toutes les erreurs en général et contre telle erreur en particulier. Si vous n'avez voulu dire que cela, il n'était pas besoin de se mettre presque en colère pour lui revendiquer un droit de plume que personne ne songe à lui disputer. Mais il est clair que vous lui donnez des permissions plus amples. En tout cas, il est clair que le laïque dont il est question s'estime en droit d'être plus agressif et plus caractéristique, et qu'il use de ce droit largement.

Pierre Curé est absolument *anti-laïciste.* Ce n'est pas charitable de *l'exposer à une syncope* en lui jetant à la figure, sans ménagements, comme un bouquet de vitriol, « que saint François d'Assise était un simple laïque lorsqu'il fonda son ordre. » En vérité, il y aurait de quoi abandonner toute discussion avec des adversaires assez malins pour vous tenir en réserve des révélations qu'ils savent devoir amener nécessairement une défaillance. Qu'on en convienne, ce n'est pas de bonne guerre. Grâce à une constitution de fer, Pierre Curé a résisté cette fois.

Un laïque peut-il créer et organiser des œuvres catholiques, des journaux et des académies ? Oui, dites-vous, avec l'obligation de s'en tenir aux règles canoniques. Mais c'est bien, cela ; c'est parfait. Seulement ces mots *canon, règles canoniques* n'ont de signification que pour un public choisi. Pour tout le monde il aurait mieux valu les remplacer par leurs équivalents, par exemple : s'en tenir aux règles prescrites de la charité, en tout ce qui intéresse la religion s'en rapporter au Pape et aux évêques seuls, prendre ceux-ci pour conseillers et juges de leur polémique. Ne dirait-on pas que c'est à dessein, pour n'avoir pas à fournir ces explications, que vous vous obstinez à ne parler que de *canons ?* Le lecteur peu au courant du sens exact de ce terme, s'imagine qu'on peut très bien être canonique et s'affranchir de la sujétion épiscopale.

Un laïque ne peut donc pas fonder une académie politico-religieuse, une association, une école, un journal catholiques, sans avoir pris l'avis de son supérieur, ou du supérieur suprême, le Pape, au cas de non entente avec l'évêque, sans l'avoir initié à sa politique, sans avoir accepté son contrôle et sa censure. Il ne peut donc pas, sous quel prétexte que ce soit,

serait-ce dans le but de stimuler le zèle de l'évêque,
organiser de très bonnes œuvres en dehors de lui, en
se passant de lui, œuvres qui seront sa critique et sa
condamnation et au sein desquelles on apprendra à ne
tenir aucun compte de son autorité. Pierre Curé va
plus loin ; il ajoute, mais ceci n'est qu'une opinion
personnelle, qu'un laïque, un catholique véritable, ne
peut ni rien commencer ni rien continuer de bon, s'il
exclut l'approbation et la direction de l'évêque. En
certains cas, absolument rares, il n'est pas impossible
que l'évêque soit indigne. Mais, sauf une exception
qui ne se produit pas deux fois dans un siècle, sa seule
présence au sein d'une œuvre est une garantie de la
grâce de Dieu.

Par conséquent, assez de cette suffisance, de ces
prétentions à mieux dire, à mieux faire, à plus voir et
savoir que lui. Aveugles les prêtres qui ne s'aperçoi-
vent pas que c'est la tendance du laïcisme. Coupables
ceux qui la justifient et la favorisent. Rien que ce
sentiment est déjà un mal, auquel vient s'ajouter souvent le mal plus grave d'une indignité réelle. Que de
laïques *bien pensants*, dont l'ignorance et l'irrégularité
des mœurs sont notoires ! Voilà pourtant ceux à qui
l'on remet la crosse épiscopale, sous prétexte que la
main qui doit la tenir est faible !

Il n'y a assurément aucune révolte, aucune insoumission proprement dite pour un journal, une
association, ou un individu, à résoudre les questions
libres avec les seules lumières du jugement privé.
Mais presque toujours il y a, dans cette affectation de
ne s'en rapporter qu'à soi, une dose d'orgueil qui n'a
rien d'édifiant, qui doit nécessairement entraîner loin

des bornes de la modération et pousser à l'erreur. L'infaillibilité n'est point qualité si commune, pour que des laïques qui la refusent à un épiscopat en soient eux-mêmes favorisés. Et s'ils prétendent avoir de justes motifs de suspecter la science d'un évêque, on en a cent fois davantage pour se défier de la leur.

Que si l'on remarque, en outre, que l'on entend par questions libres des sujets encore non abordés ou non définis par l'autorité pontificale, on verra que le principe posé plus haut est en réalité erroné. Ces questions libres traitent de près ou de loin, souvent de très près, de la foi, de la morale et de la discipline. On y discute les droits et les devoirs des membres de la société chrétienne ; on y rappelle des faits historiques, pour ou contre lesquels on invoque le témoignage de personnes dont on interprète la parole et dont on préjuge le sentiment. Or, il n'est pas vrai qu'il soit permis à des laïques faisant profession d'orthodoxie rigoureuse de pénétrer seuls dans le domaine des questions libres, de les agiter vainement, en temps inopportun, et de les présenter au public, qui se fie trop à leur bonne foi, résolues d'après leur seul jugement. Strictement, ils ne peuvent pas être accusés de révolte ni d'insoumission ; l'une et l'autre cependant sont dans leur cœur, l'une et l'autre les conduisent à des témérités qui sont l'heureux passe-temps des ennemis de l'Eglise et la cruelle affliction de ses meilleurs amis. Car rien n'est plus funeste à ses intérêts que ce plein savoir des laïques. Jusqu'à deux, ce ne sera pas grand chose ; mais s'ils devenaient plus nombreux, ce serait le renversement : la queue en remontrerait à la tête.

Tenez, les quelques lignes qui terminent le chapitre du laïcisme, dans la brochure que vous patronnez en France, ne contiennent que des perfidies. La sacrée Congrégation n'a voulu voir que le texte, tel qu'il sonne ; nous ne la condamnons pas en pénétrant le secret de vos intentions et en les déclarant blâmables.

La soumission n'est pas le servilisme bas et rampant, est-il écrit. On veut bien rappeler cela aux *libéraux*, qui n'en ont jamais douté, et qui, s'ils tombent dans une exagération, ne courent point le risque de tomber dans celle du servilisme. Mais peut-il exister, dans la matière que nous traitons, autre chose pour un catholique que la soumission ? Ce qu'il vous convient d'appeler servilisme bas et rampant, et que vous désignez seulement *in petto*, ne serait-ce pas uniquement la soumission que vous croirez devoir refuser dans les circonstances qu'il vous plaira ? Ce ne serait pas la première fois que nous verrions des laïques, des ecclésiastiques même, refuser publiquement d'obéir aux autorités légitimement constituées dans l'Eglise, et se retrancher derrière cette stupide distinction : l'obéissance n'est point le servilisme.

Vous laissez entendre qu'il y a des résistances obligatoires. Malheureusement, par une aberration inexplicable, par un étrange abus des principes libéraux que vous combattez, vous laissez le fidèle seul maître de connaître de la nécessité et de l'opportunité de sa résistance. Le fidèle est donc libre : nous nous trompons. Si c'est un misérable libéral, un de ces hommes pacifiques, soldats obscurs du devoir, mais esclave de la charité, dégoûté des hardiesses compromettantes de l'intransigeance, si c'est lui qui, à un moment donné, s'écarte de certains supérieurs, c'est un révolté. Si c'est un laïque distingué, un des *soutiens de l'Eglise*, qui résiste à l'évêque, au Pape même, dans une *question libre* — il est bien entendu qu'il s'agit toujours d'une question libre lorsqu'il refuse d'obéir — celui-là est un héros de dignité. Après lui et ceux qui ont embrassé son opinion il n'y a plus que des hommes serviles, des hommes bas et rampants. Lamennais, pris avant sa chute, quand il répugnait à l'application de quelques principes et à la condamnation de quelques autres, était un libéral, un indiscipliné. Veuillot, écrivant de la foi, s'érigeant sur la platitude d'une poignée de factieux en Père laïque de l'Eglise, traitant de supérieur à inférieur avec les évêques, discutant solennellement leur conscience, les mandant à la barre de son journal, et là, leur infligeant une flétrissure en règle, Veuillot, se soumettant pour la forme à une remontrance du Pape, mais ne changeant pas un *iota* de sa conduite, Veuillot, ce grand scandale, quoi qu'on en dise, d'un laïque instruisant le clergé, fut un martyr, un saint de l'orthodoxie.

Voilà bien les deux poids et les deux mesures, pharisiens de la religion nouvelle! S'il s'agit de vous, tout est pur, tout est saint, vous vous le dites mutuellement et vous vous en réjouissez ensemble. Vous ne pouvez pas vous tromper. S'il s'agit des autres, tout est vil, tout est mêlé d'erreur. Ne pas vous suivre, c'est être servile. Or, le comble du servilisme consiste à répudier le joug des premiers pasteurs pour ne porter que le vôtre, qui n'êtes souvent pasteurs d'aucune sorte.

Non, ni un confesseur, ni un curé, ni un évêque n'ont le droit d'imposer à leurs inférieurs respectifs

une action ou une omission au détriment de la vérité
ou au profit de l'erreur. Leur bonne foi, si elle existe,
n'excuse pas l'obéissance, à moins que cette bonne foi
ne soit partagée. Mais ce sont là des *Lapalissades* théologiques. Quelle singulière manie de recourir sans cesse
à des principes incontestés, voisins de la question traitée,
mais les plus indifférents à cette même question. Croyez-
vous que la certitude des premiers forcera la certitude
dans la seconde? Ou bien croyez-vous seulement incli-
ner avec plus de succès vers elle l'esprit peu logique
que vous aurez gagné par l'évidence de ces principes?

Vous pensez que le confesseur n'a jamais le droit
d'imposer son opinion dans une question libre à son
pénitent, un curé à ses paroissiens, un évêque à ses
diocésains? Eh ! bien, vous agissez vous-même contra-
dictoirement avec vos enseignements. Au confessionnal,
dans vos parloirs, dans vos salles d'étude, partout où
votre main est puissante, vous imposez vos opinions
libres ; vous imposez les vôtres, cela va sans dire, en
faisant observer, non sans un peu de complaisance, que
les vôtres sont les seules qui portent les marques visi-
bles de la vérité, et en discréditant le plus possible toutes
les autres.

Il nous serait bien agréable que vous nous disiez quand
est-ce que vous avez professé et pratiqué la neutralité
politique, par exemple ; et quel est celui de vous qui
n'a pas travaillé à fixer, comme un dogme connexe de
la foi et de la morale, dans la conscience des soumis, la
nécessité du gouvernement préféré. Il y a quatre ans,
parut la fameuse *déclaration* des chefs catholiques en
prévision des élections futures. *L'Univers* ajouta son
commentaire obligé : tous les fidèles devaient se liguer

autour du comte de Paris, seul héritier et représentant
de la vraie politique, de la politique chrétienne, de la
politique du comte de Chambord. L'*Univers* tient-il le
même langage après le dernier manifeste du préten-
dant? C'est chaque jour que l'on vous entend dire : Un
bon catholique ne peut avoir que cette opinion ; quiconque ne l'adopte pas vous est suspect. Vous imposez
donc votre opinion dans les questions les plus libres
qu'on connaisse, et ceux-là seuls qui y souscrivent sont
les bons.

De quel droit voulez-vous interdire à un chef spiri-
tuel d'insinuer à ses subordonnés l'opinion libre qu'il
estime, de bonne foi, être la plus rapprochée de la
vérité? C'est précisément parce qu'il s'agit d'opinions
libres qu'un évêque, un confesseur ont quelquefois le
droit, non de requérir sous peine de péché la foi à leur
opinion personnelle, mais d'imposer silence à l'opinion
préférée, de la réprimer comme une erreur et de traiter
ceux qui la professent en ennemis de la justice, si cela
suffit pour anéantir de misérables divisions de parti,
de haineuses diffamations et de scandaleuses résistances à l'autorité. Vous savez bien pourquoi ils ne réus-
sissent pas. C'est parce que vous profitez à la fois de
votre titre d'exempt et du pouvoir occulte que vous
donne le sacrement de pénitence ; vous narguez l'évêque
qui ne peut rien contre vous et soutenez le fidèle qui
vient à vous de préférence, parce qu'il est sûr de vous
trouver favorable.

Pierre Curé veut un laïcisme vaillant mais soumis,
intelligent mais respectueux des pouvoirs ecclésiastiques, dévoué sans forfanterie, ayant son initiative mais
n'entreprenant rien sans conseil et ne se réservant

aucune direction exclusive ; n'oubliant jamais, puisqu'il se dit catholique, qu'il vient après le pape, après l'évêque, après le prêtre, auxquels il doit le respect, quels que soient leur nom, leur fortune et leur position sociale. Le soumet-il à des conditions impraticables ? Est-il janséniste ?

Mais de ce laïcisme qui fait tinter les écus, qui insulte à la pauvreté du catholicisme en lui rappelant sans cesse qu'il est son bienfaiteur, qui fait fi de ses devoirs religieux, qui exige des faveurs nouvelles à chacune de ses nouvelles aumônes ; de ce laïcisme qui veut être de tout, qui veut être partout, qui entend tout ordonner, tout diriger, qui traite l'évêque comme un fonctionnaire d'assez haut rang, mais le prêtre comme un des subalternes employés, instrumentaires des sacrements ; de ce laïcisme qui nous inonde, Pierre Curé n'en veut pas.

*
* *

Que dites-vous de lui ? Qu'il est *libéral ?* Et en quoi, s'il vous plaît ? Qu'a-t-il pensé, qu'a-t-il écrit qui mérite une accusation de libéralisme ? Vous ne trouverez pas un mot qui le mette en contradiction avec sa profession de foi *anti-libérale.* Néanmoins, a-t-il vos idées sur les diverses questions qu'il a touchées au hasard ? L'acceptez-vous dans les rangs de ce que vous nommez ou de ce qu'on nomme, peu importe, l'intransigeance ? Evidemment non. Il existe donc une position aujourd'hui entre vous et les *libéraux ;* ce n'est donc pas une utopie que ce juste milieu. Le Souverain Pontife, autrement autorisé que vous à reconnaître le vrai chemin, s'y tient, et avec lui s'y tiennent tous les fidèles sensés.

On a murmuré contre Léon XIII; on a accusé sa politique, on a même soupçonné son orthodoxie! On a écrit et parlé; on ne s'est point caché pour lui reprocher d'abandonner les traces de Pie IX. On allait même jusqu'à prétendre qu'il s'écartait de son prédécesseur en des matières qui touchent à la doctrine catholique et particulièrement au Syllabus. D'où sont partis ces murmures et ces allusions criminelles? Des rangs de l'intransigeance. Et ce sont ces violents murmures, ces marques non encore désavouées de désapprobation, cette critique insolente, ces appels à l'univers catholique, qu'on doit faire rentrer sans doute dans le cas de légitime résistance, de rupture avec le servilisme.

Le Souverain Pontife, Pie IX ou Léon XIII, n'a pas eu de plus fidèles et plus soumis enfants que ces odieux catholiques *entachés de libéralisme.* Les *purs,* au contraire, ont été pour Pie IX un plomb écrasant, une voix dominatrice qui n'a jamais cessé de s'imposer à sa conscience; ils sont encore pour Léon XIII un cauchemar implacable, osant lui rappeler, mais seulement la nuit et en songe, les dangers de la prévarication. Durant le jour, ils sont moins agressifs. Tandis que nous avons pleine confiance dans le Pape, que nous ne le discutons pas, que nous trouvons bien tout ce qu'il fait, ils éprouvent, eux, le besoin de raisonner, d'épiloguer, de nous avertir que nous pourrions nous laisser tromper par des apparences, de nous jurer toute leur pénétration que les faits de la politique pontificale s'expliquent ou par la nécessité, ou par le bien général, ou par l'intérêt actuel de l'Eglise, sans recourir à cet infect libéralisme. Merci de toutes ces démonstrations dont nous n'avons aucun besoin.

Quand ils veulent rappeler au pape l'obligation de la politique de l'absolu : *Non possumus*, ils ne signent pas, ou bien ils font signer des comparses qui ont soif de renommée. Heureusement, Léon XIII n'a point l'âme timide. Il ne montre aucune velléité de consulter ces honnêtes gens sur la conduite de l'Eglise; il pense que le Saint-Esprit en connaît assez pour lui et pour les autres. Avec regret, mais avec fermeté, il a commencé par couper court à toutes ces protestations, à tous ces agissements en blâmant le cardinal Pitra, non pour ses actes, mais pour l'usage qu'on faisait de son nom, de sa science et de sa vertu. Puis, est venue la lettre du cardinal Rampolla au *Siglo futuro,* portant condamnation de son attitude. Et pour signifier clairement qu'il réprouve l'intransigeance, Léon XIII a de nouveau rendu hommage à la belle vie de Mgr Dupanloup, en condamnant l'abbé Maynard et tous les journaux qui soutenaient sa polémique, et en félicitant l'abbé Lagrange. Evidemment le Pape n'est pas du côté de l'intransigeance.

L'intransigeance prétend qu'on peut être vif, insolent même, pour le compte de la vérité; Léon XIII s'empresse de modérer les emportements de la *Voce della Verità.*

L'intransigeance interdit toute relation d'amitié avec les *libéraux ;* Léon XIII envoie la rose d'or à la reine constitutionnelle d'Espagne.

L'intransigeance a horreur de la démocratie ; si elle

convient que l'intérêt de l'Eglise exige quelques relations, elle ne va pas plus loin que le strict nécessaire ; elle ne conçoit pas, par exemple, qu'on l'entoure de prévenances, ni qu'on lui offre des concessions. Léon XIII vit au mieux avec nos gouvernants, leur donne toujours des cardinaux, quoiqu'ils n'aient pas jugé à propos de rendre les appointements, et n'engage pas suivant son intention les affaires de Chine, de peur de froisser le gouvernement de la République.

L'intransigeance ne supporte pas que l'on puisse imposer à quelqu'un une opinion libre, ni que l'Eglise puisse être rigoureusement engagée par un Concordat vis-à-vis de ses ennemis. Léon XIII signe un pacte de tolérance avec la Prusse protestante ; il impose au parti catholique le vote du septennat ; il fait demander, par l'entremise de l'évêque de Posen, au curé Jazdzeuwski, député polonais, la résiliation de son mandat, afin de ne pas heurter le Chancelier. « En donnant ses conseils relatifs à la question du septennat, écrit le cardinal Jacobini au nonce de Munich, le Saint-Siège a voulu saisir une occasion nouvelle d'être agréable à l'empereur d'Allemagne et au prince de Bismarck. » Il est curieux de voir l'embarras d'abord, puis le redoublement de finesse des *purs* donnant leur consultation sur la lettre du secrétaire d'Etat : Le centre ne devait rien changer à sa politique ; cette lettre n'avait pas la haute portée qu'on lui attribuait ; on pouvait la regarder au contraire comme une approbation formelle du passé et comme un encouragement déguisé pour l'avenir ; le centre était autorisé à garder sa liberté entière dans les questions de politique intérieure, par conséquent dans la question du septennat.

L'intransigeance n'admet pas que les intérêts spirituels et temporels de l'Eglise soient en sûreté entre les
mains d'hommes qui donnent des gages au libéralisme,
qui entretiennent avec lui des relations d'estime et
d'amitié, qui le louent et le favorisent. Léon XIII a
choisi des nonces comme G***, patriote et piémontais
avant son élévation, assez mal vu du cardinal Parocchi,
et maintenant aux petites privautés avec les politiciens
du Nord ; comme C***, qu'en paix soit son âme ! l'ami
personnel des Cazot, des Constans, des Andrieux, protecteur du *Figaro*, dont on a tant parlé, sur qui circu-
lent encore tant d'anecdotes ; comme R***, qui adressait
de vives félicitations au gouvernement de la République
parce que, dans l'intérêt de sa politique, il soutient les
missions orientales ; comme F***, le familier d'Arago et
du roi des Belges, lequel roi passe pour un libéral
obstiné. Tout cela n'est point écrit dans l'intention de
critiquer le Saint-Siège qui a besoin de diplomates, qui
les prend où il les trouve et n'approuve pas ce qui pourrait être répréhensible dans ses représentants, mais
dans l'intention de prouver que les scrupules de l'intransigeance ne sont pas les siens.

L'intransigeance ne veut pas entendre parler de conciliation entre la Papauté et l'Italie : rien que la pensée
d'un accord possible la met en fureur. A dessein,
avons-nous dit, pour empêcher le Pape d'y songer,
elle lui rappelle constamment la vaillante obstination
de Pie IX, les énergiques flétrissures de Pie IX, les
solennels *non possumus* de Pie IX. Léon XIII n'a
jamais renoncé à aucun de ses droits, qu'il revendique
avec autorité. Mais toute idée de réconciliation ne lui
répugne pas. Il voit avec bonheur que plusieurs cabi-

nets européens étudient la question romaine et lui cherchent une solution satisfaisante en dehors du *statu quo ante*. Il ne voit pas de mauvais œil que les prélats de sa cour fréquentent le Quirinal. Il ne condamne pas les écrivains qui traitent cette matière et concluent en faveur de la réconciliation : il a lu et approuvé une brochure dans ce sens de Mgr Rotelli. Il sort de la retraite volontaire qu'il s'était imposée à la suite de son prédécesseur, se montre davantage et reprend autant que cela se peut l'antique cérémonial des fêtes. Il écarte de lui tous les hommes connus pour être d'une sévérité excessive ; il aime et encourage ceux qui travaillent à la pacification des esprits. Il se lie d'amitié avec ses amis, quoiqu'hérétiques, les comble de ses faveurs, loue publiquement leurs qualités, fait prier pour eux ; et si, comme pour l'empereur Guillaume, il ne peut pas faire célébrer un service solennel, il consacre à sa mémoire une allocution. Il a soumis les évêques à l'*exequatur* afin de leur faire obtenir un traitement. Il a permis enfin aux catholiques de reprendre leur place dans la vie politique et de voter.

Parce que le Pape a usé de douceur et de ménagements envers le cardinal Hohenlohe, et parce qu'il a envoyé un bref de félicitations à l'archevêque de Rouen, l'intransigeance a murmuré. C'est encore l'intransigeance qui a prêté au cardinal Pecci des mots féroces et des boutades indignes contre Pie IX ; c'est elle qui accable aujourd'hui Léon XIII de souffrances, qui harcèle sa vieillesse, qui lui reproche sa fameuse école pérugine, qui sème discrètement par le monde le nom des cardinaux ou prélats traités sévèrement, des martyrs de la tradition ; c'est elle qui a compté les voix au Sacré-

Collège et qui nous a donné l'assurance que la politique de Léon XIII y est condamnée. Vous sentez l'importance de cette révélation qui équivaut à ceci : Soumettez-vous extérieurement, mais protestez dans le cœur; nous sommes le nombre et nous nous retrouverons bientôt. Et les béats patientent; peut-être demandent-ils au Ciel avec ferveur la mort de Léon XIII. Et ils ne se croient pas mauvais, oh! non; ils font tout pour Dieu.

Léon XIII n'est pas avec l'intransigeance; cela est clair. Serait-il *libéral* par hasard? Serait-ce ce qu'on voudrait faire entendre sans le dire? Et ces farouches gardiens du dogme, ces partisans à outrance de l'infaillibilité auraient-ils oublié que le Pape est infaillible? Il n'est pas *libéral.* Il est simplement catholique, et pour de bon : nous sommes avec lui.

* *

Qu'est-ce qu'un intransigeant alors?

C'est l'homme de la lettre, et non pas de l'esprit; et encore de sa lettre, car il ne prend à la lettre des principes catholiques que ceux qui vent bien à son intérêt. Il a en effet des intérêts, dont il poursuit la réalisation, abusé lui-même et abusant les autres sous le prétexte d'un zèle incorruptible. Le premier de tous, le plus universel, c'est de faire prévaloir son école dans l'enseignement, son ordre dans l'estime publique, sa manière de voir dans les conseils; c'est, en un mot, la domination par tous moyens et en toute circonstance.

L'intransigeant n'acceptera jamais la seconde place : il ne souffrira pas que ses laïques soient traités en laïques, et ses prêtres établis dans l'ordre de leur mérite personnel. Il les classera lui-même entre eux, mais hors pair tous ensemble, s'il s'agit de les comparer à d'autres. Il faut absolument lui accorder que ses associations sont les meilleures, ses prédications les plus goûtées, et sa direction la plus sûre. Dans la vie pratique, les nations se perdent parce qu'elles s'obstinent à repousser sa politique et sa morale. Et si l'Eglise elle-même subit des éclipses partielles, cela tient à ce que l'Eglise n'est pas assez soumise à son joug.

Au contraire, tout ce qui se fait de bien, dans l'une et l'autre société, remonte à lui directement : il en est non-seulement l'inspirateur, mais l'ouvrier. Il a le monopole de la science, comme du génie des découvertes, comme du génie de l'organisation, et le monopole de la vertu, de la modestie, comme de l'héroïsme. La charité est la moëlle de son tempérament; le désintéressement le plus exemplaire préside à toutes ses entreprises. Il est infaillible et impeccable.

Et ce n'est pas une ruse de guerre de notre part. L'intransigeant écrit précisément toutes ces choses de nous, et nous raille; on lui retorque à propos son argument. Mais non, ce n'est pas une plaisanterie; c'est la vérité appréhendée sur le fait et exprimée sans exagération.

Lecteur, qui que vous soyez, vous n'êtes pas sans connaître quelqu'une de ces vertus féroces qui se targuent d'intransigeance. Quand est-ce que cet homme s'est trompé ? Ou plutôt quand avez-vous contemplé ce

miracle d'un intransigeant avouant ses imprudences ou
ses erreurs? Quand l'avez-vous vu satisfait d'un autre
que lui? Quand l'avez-vous pris en défaut de raisons
excellentes pour approuver, recommander même en
lui ce qui est tout à fait condamnable en vous? Et
quand l'avez-vous trouvé incliné devant une supériorité
quelconque? Cependant vous avez convenu que sous
ces dehors intraitables se cache beaucoup, beaucoup
d'humanité souvent, et qu'au fond de cette prétention
à l'omniscience il n'y a souvent aussi qu'une énorme
bêtise dissimulée par un vernis mystique.

Pierre Curé ne se porte témoin que de ce qu'il a vu
et de ce qu'il voit. Si plus tard, ce qu'à Dieu ne plaise,
l'intransigeance lui faisait l'honneur de le démentir et
de l'accuser de malveillance, il se ferait un devoir de
justifier ses appréciations, en ajoutant ici même un
chapitre d'exemples, dont la conclusion légitime à tous
les yeux serait que de francs nigauds — pour ne pas
dire plus — forment au moins la moitié du bataillon de
l'intransigeance.

Et quand, vous qui surveillez attentivement l'appa-
rition des grands météores, avez-vous surpris au pas-
sage le prodige d'un intransigeant reconnaissant fondé
le blâme que lui adresse la suprème autorité de
l'Eglise? L'histoire de nos temps, depuis qu'une main
savante a trié les catholiques en pur sang et demi-sang,
n'en fournit pas d'exemple. Il nous répondra : Citez
alors un exemple de révolte. Non, certes; car cela est
pareillement impossible, parce que nous ne nous
entendons pas sur les termes : ce que nous appellerions
rébellion, vous le tenez pour noble résistance; ce qui
pour nous deviendrait un article de doctrine, dès lors

que le Pape y aurait touché, demeure néanmoins pour vous une question libre.

En tout cas, vous ne contredirez pas à ceci : jamais vous n'avez regardé un des vôtres, condamné par le Pape, comme ayant réellement tort. Il s'est tu ; mais vous avez parlé pour lui, sans dépasser les limites que vous connaissez bien, au-delà desquelles commence le schisme. Vous l'avez secrètement consolé et encouragé. Vous lui avez fait espérer que le Pape, aujourd'hui circonvenu, mal informé, reviendrait sur ses décisions : ce n'était qu'une épreuve. Mais vous n'avez jamais dit : Il s'est trompé.

Voilà bien le fond de l'intransigeance : une confiance en soi, un entêtement ridicules. En vérité, le Christ viendrait à nouveau l'éclairer et l'instruire en personne que le Christ ne la persuaderait pas. Et voilà aussi en quoi les intransigeants diffèrent des *entachés de libéralisme*. Ceux-ci ont des Fénelon, des Lacordaire, des Gerbet, des Dupanloup, des Curci, etc. ; ceux-là n'ont que des Jésuites qui répliquent au Pape : Nous serons ce que nous sommes ou nous ne serons pas, et d'autres dont il n'est pas utile de citer les noms.

L'intransigeant est celui qui préfère garder la nuit plutôt que d'accepter une faible lumière. C'est l'homme de tout ou rien ; il ne concèdera rien, dit-il ; en réalité, sa vie entière n'est qu'une lâche concession. Il reprendrait subitement à la société toutes ses libertés excessives, et il userait de la violence, s'il le fallait et s'il le pouvait. Mais il n'aurait que des tolérances pour le pouvoir de son choix, établi par lui : il a créé des précédents dans l'histoire. Bossuet n'est pas le seul type.

Il ne veut entre les mains des catholiques que la
théologie de ses théologiens, dans la chaire que ses
prédicateurs, au confessionnal que ses directeurs. Il
n'a d'autre mot sur ses lèvres que celui-ci : C'est mon
droit. Il n'a pas le temps de s'occuper ni de la rigueur,
ni de l'étendue de ses devoirs ; il est tout entier à tracer
les devoirs du prochain. Il est le grand évêque, le sur-
veillant général de la catholicité ; il a mission de tout
critiquer et de tout censurer : ses critiques et ses cen-
sures ne souffrent point d'appel. En 1826, après qu'on
eut expulsé les Jésuites de leurs collèges, plusieurs
évêques crurent devoir intervenir et faire entendre
leurs protestations. Le cardinal Bernetti, secrétaire
d'Etat, leur imposa silence : il avait certainement des
raisons graves pour prendre cette attitude vis-à-vis des
évêques, qui le comprirent et s'en rapportèrent à sa
sagesse. Mais l'intransigeance ne se tut pas : elle blâma
ouvertement le cardinal Bernetti.

L'intransigeant est une variété de catholique dont
la spécialité est de toujours remuer et se remuer.
L'Eglise est-elle attaquée, le Pape est-il blessé dans sa
dignité ou dans ses droits ? Il parle avant le Pape, prend
l'initiative des protestations les plus agressives, crie
tant, jure tant, tant se démène qu'il engage morale-
ment le Pape. Les grosses difficultés diplomatiques
n'ont souvent pas d'autre origine que ce zèle intempestif.

L'intransigeant n'a pas d'autre mérite que celui
d'entretenir le feu sacré. Il ne lutte pas, non ; il commence la guerre, il la déclare, il la publie à son de
trompe. Dès que les adversaires entrent en lice, il se
retire, laissant à ses frères naïfs le soin de venger

l'honneur du parti. En même temps il appelle Rome au secours et se retranche derrière elle. Quel est celui qui ne connaît pas cet homme?

.·.

L'intransigeant n'est donc pas un homme si séduisant qu'il faille trembler de voir tomber entre ses mains l'avenir du catholicisme. C'est là notre enfant terrible : il ne fait pas grand mal à nos ennemis, s'il nous en fait à nous. Supportons-le pratiquement, et plaignons-le. Mais répudions son système, néfaste sous tous les rapports. Ses livres comme sa parole ont du bon, mais ils ont du mauvais. Ses brochures en particulier, tendant à augmenter nos défiances mutuelles et nos divisions, à rallumer les querelles éteintes, à rejeter les esprits dans la confusion, sont détestables : repoussons-les. Que Dieu nous délivre de tous les excès!

Restons catholiques sans autre qualification. Agissons en toute simplicité et bonne foi, cherchant toujours le meilleur pour l'Eglise et pour la patrie. Aimons beaucoup nos ennemis; nous ne les convertirons peut-être pas encore par ce moyen, mais c'est qu'alors aucun moyen humain ne pourra parvenir à ce résultat.

Au reste, qu'avons-nous à entrer dans des discussions puériles? L'intransigeance s'efforce de nous convaincre que nous devons chacun nous faire nos convictions et notre pratique; et pour cela, elle écrit des livres qu'elle nous présente comme des manuels infaillibles. Elle est dans l'erreur. Ce qui rend notre position préférable à celle de l'hérétique, c'est que nous pouvons dormir tranquilles au sujet de la grande affaire du salut et ignorer toutes les subtilités du raisonnement. Nous avons un confesseur, qui a son évêque, qui a le Pape, chef infaillible de l'Eglise.

Telle est l'unique règle de notre vie; telle est aussi l'immortelle garantie de notre foi. On conviendra que nous n'avions pas besoin d'un nouveau livre pour nous l'apprendre, et surtout pour nous y contenir.

Toulouse. — Imp. J. Fournier, 5, rue du Salé.

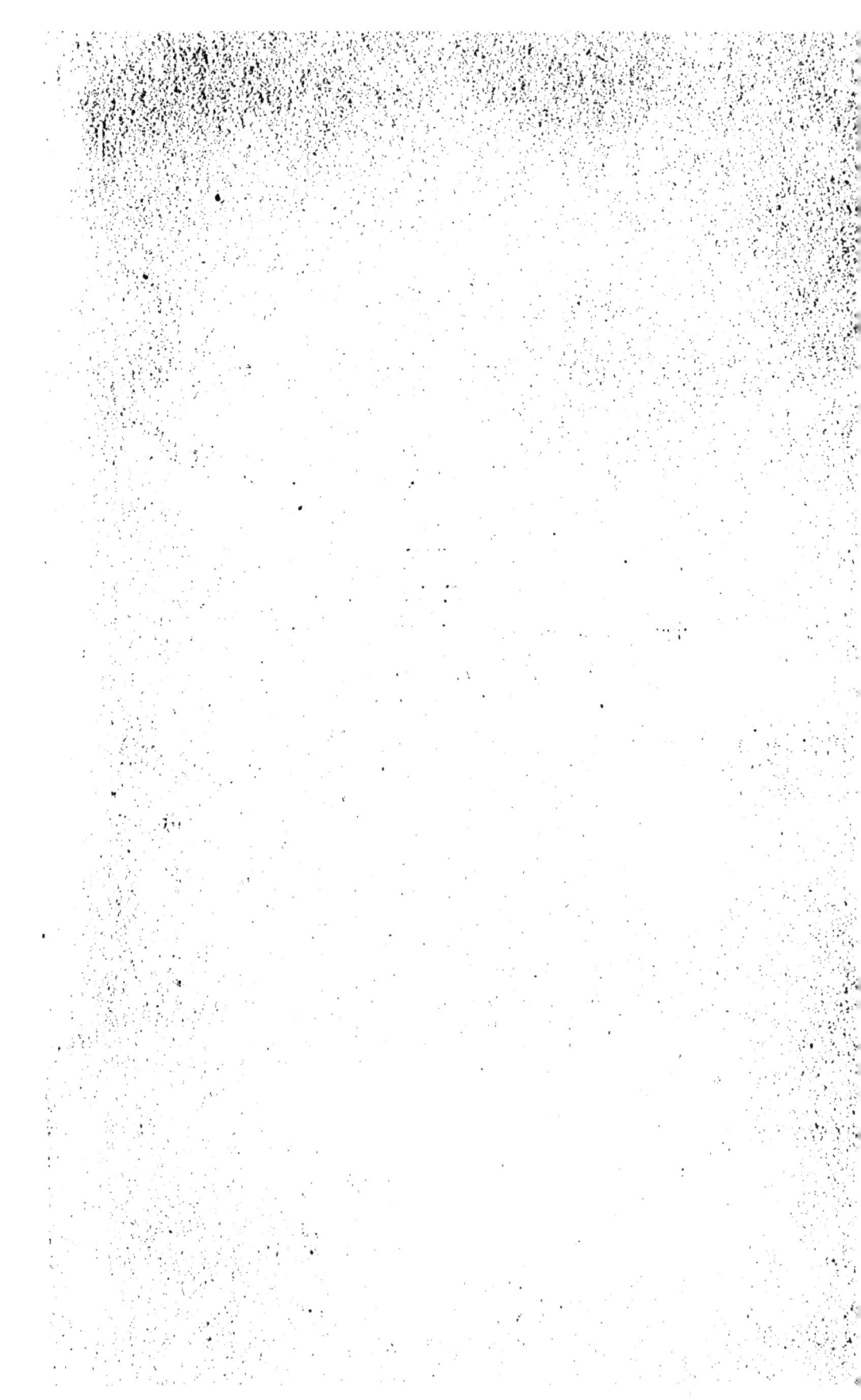

SE VEND

Chez l'Imprimeur, J. FOURNIER, 5, Rue du Salé

et chez tous les Libraires de Toulouse.

www.ingramcontent.com/pod-product-compliance
Lightning Source LLC
Chambersburg PA
CBHW071621290326
41931CB00048B/2209